U0109815

台灣的那些事，那些人

——梁良的文化觀察筆記

梁良·著

■ ■序

　　當前的兩岸交流，正往可長可久、更大更深的正常化方向發展，兩岸人民都覺得有必要更正確更全面地了解對方，無論是風土人情或是歷史文化，多知道一點就會更增加一點親切感。

　　本書收集的系列文章，大部分是筆者在近兩三年來應邀為對岸的《中國新聞週刊》撰寫的系列文化性小品，小部分則從未發表過，但文章的主題均圍繞著台灣的人與事，因為每篇都短小精緻，具可讀性，歷史知識性強，又有一定新聞背景，不少大陸讀者反應說一打開雜誌看的就是它，該刊編輯也認為可以結集成書。

　　在兩岸大三通之後，已有很多中國民眾赴台旅遊，親身體會台灣的湖光山色，形成新一波的觀光熱潮，他們自然也想對台灣的人、事、物從歷史和文化層面作更深入一點的了解。這本小書可供他們當作「另類的台灣旅遊書」閱讀，台灣本土的讀者也許亦有興趣參考參考。

　　是為序。

梁良

2010年1月於台北市

目 錄

上篇
台灣的那些事

▐ 1. 眷村

　　賴聲川，以系列相聲劇和《暗戀桃花源》等經典劇目享譽華人世界的台灣劇場界天王，「表演工作坊」的藝術總監；王偉忠，以《全民亂講》、《康熙來了》、《超級星光大道》等節目雄霸台灣電視綜藝圈的當紅製作人，「金星娛樂公司」的老闆，這兩位大哥素來各擁一片天，彼此並無交集。直至2007年5月，終於有一件事情讓他們一拍即合，決定聯合編導一齣舞台劇——《寶島一村》，於2008年12月5日開始在台灣推出首演，巡迴全省之後還遠征新加坡，甚至在2010年應邀赴大陸演出。到底是什麼事情有那麼獨特的魅力足以打動這兩位才子攜手合作？那就是「眷村」——近半個世紀台灣特有的大時代產物，代表著台灣「外省族群」的永恆記憶。

　　「眷村」，顧名思義就是「眷屬居住的村落」，尤其是指軍人的眷屬。事情的起源，還得回溯到當年的國共內戰。在1949年前後，國民政府的軍隊在內戰失利，大批官兵隨國民政府撤退赴台，來自中國大陸各省的老百姓也有不少遷徙赴台，小小的寶島一下子湧入了超過150萬的新住民，堪稱是空前罕見的大移民潮。在動盪的政治和衰敗的經濟環境中，政府已無力照顧一般的老百姓，但是對國軍及其眷屬卻不能不想辦

法安置，於是在台灣全省到處找地興建聚落式的克難房舍，不求寬大舒適，但求能讓大批身無長物的家庭擋風避雨即可，因為當時這群人以為他們終會回到大陸的家，故沒有人會斤斤計較。讀者有看過侯孝賢講述自家故事的電影《童年往事》的，應能體會那種時代氣氛。

根據台灣國防部的統計，除了台北市外，歷年來全省列管的眷村多達530座，其中以座落桃園縣的最多，約佔80處，其次則為台北、新竹、台中、嘉義、台南、高雄等縣市。這些眷村主要是從1949年起至1960年代陸續興建。至1970年代，隨著台灣的經濟起飛、社會環境改善，加上軍眷的子女亦已逐漸長大成人，原來的大雜院式的眷村已不符現實要求而不再興建，到了1980年代之後，甚至配合都市發展而陸續拆除大部份的建築，有些則原地改建為新型的公寓式大樓，傳統的眷村文化和眷村文物都在急速地走入歷史，令不少的有心人感到憂心忡忡。譬如出身自眷村的台中市長胡志強就指出：台中市的眷村最多時達96處，經陸續改建後，目前僅剩下13個眷村，因此有人建議台中市應成立「眷村文化館」保存眷村文物，台中市的文化局也呼應這樣的要求而於2008年推出了一個「眷村回顧展」作為熱身。

• 改建為新型公寓後的眷村。

　　身為軍人子弟，成長自嘉義東門町的建國二村眷村的王偉忠，亦因在數年前眼見滋養他靈魂的「娘胎」被移為平地，驚覺近年來台灣眷村的不斷拆遷改建，已到了不能不動手「挽救記憶」的地步，為了及時保留相關的歷史和文化，他近年來全力投入，製作了《偉忠媽媽的眷村》紀錄片，為自身成長的建國二村留下拆除前的影像紀錄，其後又寫了書，如今既製作了眷村背景的電視連續劇《光陰的故事》，又與賴聲川合作舞台劇《寶島一村》，是另一個更大規模的眷村文化出擊行動。

　　其實，無論從政治、經濟、文化、族群等大題目來分析，或是落實到具體的日常生活型態來細看，「眷村」都是絕對特殊的一個居住區域，鮮明地反映了當時當地的某個台灣歷史縮影。通常每個眷村依不同的軍種區分，住在同一眷村內的人則依官兵的不同身份階級而有不同待遇。例如在空軍眷村，飛官住獨門獨院的大房子、小孩念忠班；普通軍官的小孩則念孝班；軍階最低的士官住小房子、小孩讀仁班。王偉忠的爸爸是開卡車的士官長，住的是自己動手蓋的違建，王偉忠是當然的仁班生。家家戶戶之間，幾乎沒有什麼「隱私」可言，張家說的話隔壁牆的李家就能聽得清楚，鄰里之間更少不了在大雜院中傳播的是是非非，因此眷村裡的人們在感情上非常親近，生活上的聯繫也十分緊密，就像一個大家庭。以致日後那些在「竹籬笆內」（「眷村」的別稱）長大的小孩都被視為「同一掛的」。這些外省掛的子弟，學好的很多進入了新聞

界、影視界、文化界、甚至政治界等，對近30年的台灣社會發揮了很大的影響力。至於沒學好的，有些則組成了台灣最早的外省幫派，在地下社會同樣發揮了很大的影響力。例如去世不久的「竹聯幫」精神領袖陳啟禮，就是赫赫有名的眷村子弟。每到競選季節，國民黨的政客例必到眷村跟大家拜票，老伯伯們跟著高喊當選，更成為「眷村影響力」的另一個佐證。

在1950年代，由於台灣的軍隊提倡「軍中文學」，故出了不少軍中作家，如：司馬中原、朱西甯等等都十分知名。朱天文、朱天心、朱天衣三姊妹就繼承了乃父朱西甯的文學衣鉢，自1970年代即開始走紅文壇。在她們和同儕的努力下，「眷村文學」發展成為台灣文學史上相當具有代表性的一個類型，朱天心的小說《想我眷村的兄弟們》，被公認為其中的經典。

在電影方面，也有一些台灣新電影的導演是眷村子弟或是與眷村生活息息相關的外省第二代，他們在「戒嚴年代」便已勇敢地為父祖輩在銀幕上發聲，最具代表性的作品是李祐寧導演的《老莫的第二個春天》和《竹籬笆外的春天》，前者首次深入探討老兵思念大陸家鄉的「感情禁區」，後者則描述眷村子弟的愛情故事，都十分具有時代特色。而根據朱天文原著故事改編、由陳坤厚導演的《小畢的故事》，描述一個眷村少年的成長史，更是台灣新電影運動的奠基作。到了2009年，香港導演楊帆亦將他童年在台灣眷村生活的回憶拍成了反映1950年

代「白色恐怖」的文藝片《淚王子》，還代表香港參加奧斯卡
最佳外語片的角逐呢！

▪ 2 牛肉麵

　　台灣的觀光局，近年曾針對來台觀光客作過一項調查，問他們：最吸引他們來台的原因是什麼？結果有高達54%的受訪者認為是「菜餚」（流行的說法應該是「美食」），第2名的風光景色只佔49%，歷史文物更只佔了17%名列第4名，由此可見台灣美食的魅力真是非同凡響。

　　而在遠近馳名的台灣小吃之中，到底是哪一種最具代表性呢？「遠見雜誌」曾針對1,000位本地民眾做過調查，發現有15%受訪者認為蚵仔煎最具台灣美食的代表地位；珍珠奶茶則以0.7%的些微差距緊追在後；第3名則是蚵仔或大腸麵線，佔了11.5%；三甲之後的前十名依序是：臭豆腐、滷肉飯、肉圓、肉粽、擔仔麵、牛肉麵、小籠湯包。

　　由於台灣的居民有七成多是本省的閩南人，故充滿「台味」的蚵仔煎、大腸麵線、滷肉飯等台式小吃能夠獨占鰲頭，一點也不稀奇，但以川味紅燒牛肉麵為代表的「外省麵食」被認同為最具代表性的台灣美食之一，則反映了有趣的「族群文化互相融合」現象。

　　廣義地說，「牛肉麵」是泛指各種以燉煮過的牛肉塊為主要配料的麵食，其根源已難以追溯，但一般認為起源於蘭州的

牛肉拉麵，已有一千多年歷史。但現今在華人世界最為普遍、享譽最高的一種牛肉麵，應屬在台灣地區自己發展起來的「川味紅燒牛肉麵」，在海外通稱台灣牛肉麵，到了美國則變身為加州牛肉麵，目前更以此名在中國大陸各地受到食客歡迎。

說起來，牛肉麵在台灣能夠發展成一種特色美食，該算是大時代之下無心插柳的結果。據飲食史名家逯耀東教授的考據，冠上「川味」的紅燒牛肉麵，是台灣獨創，四川當地並無此味。川味紅燒牛肉麵，有可能是從成都小吃「小碗紅湯牛肉」轉變過來；將小碗紅湯牛肉加上麵，就成了川味紅燒牛肉麵。其源頭可能出於岡山眷村，因岡山是空軍官校所在，官校自成都遷來，眷屬多為四川人，如今著名的「岡山辣豆瓣醬」，就是仿四川郫縣的豆瓣醬製成。辣豆瓣醬是烹調川菜的主要調味料，川菜能夠在台灣風行一時，就是因為有了岡山生產的辣豆瓣醬。烹調川味紅燒牛肉麵，也非得使用辣豆瓣醬，所以川味的紅燒牛肉麵非常可能出自岡山空軍眷村。

然而，川味牛肉麵雖起源於岡山，卻大盛於台北。上個世紀的50年代初，在台北市寶宮戲院旁的信義路走廊下，有幾檔川味紅燒牛肉麵攤，

• 川味紅燒牛肉麵。

其中一檔不久遷至永康三角公園，成為後來的永康公園川味紅燒牛肉麵。如今永康街一帶，亦因鼎泰豐的小籠包壓陣而成為國際知名的觀光美食區。

1961年，台北市政府為了整頓中華路一帶違建的髒亂，拆遷安置住在那一帶共1,600多間簡陋的竹棚木屋的各省流民，特別自北門至小南門間蓋起了八幢四層樓的「中華商場」。隨著各省新移民帶入台灣的各地小吃趁機收納於一地，不論是北京冰鎮酸梅湯、四川紅油抄手、山西刀削麵、溫州大餛飩、道口燒雞、山東火燒等，都在此相繼出現。出自岡山的川味紅燒牛肉麵亦置身其中，因口味濃厚、香味四溢而快速出人頭地，店家越開越多。附近的桃源街上，更出現了一、二十家的川味牛肉麵大王，各個大王比鄰而居一字排開，聲勢十分嚇人，在當年成為台北街景一奇。很多香港客赴台觀光，例牌節目是到此一遊，吃碗牛肉麵再攝影留念。可惜桃源街牛肉麵已隨時代演變衰退，現只剩二、三家老店仍堅守陣地。

曾經和川味牛肉麵同時在台北流行的，還有清真牛肉麵，又名清燉牛肉麵，多由山東老鄉經營，麵攤原先集中在台北市懷寧街與博愛路一帶的廊下。這些麵攤子上支著一口鋁製大鍋，鍋上架著個鐵箅子，鐵箅子上擺著幾大塊剛出鍋的牛肉，顧客現吃現切。清真牛肉都是當天現宰的黃牛肉，鍋裡的牛肉湯微滾，顧客坐在攤前的長凳上，指著牛肉挑肥揀瘦。鼎沸的人氣配上唏里呼嚕的吃麵聲，頗有一種粗豪的野性氛圍。隨著時間過去，這一區後來整頓交通，這些清真牛肉麵攤就星散了，只剩遍佈全省

的川味牛肉麵一枝獨秀。不過以清爽口感見長的清燉牛肉麵，還是有一群死忠的粉絲在支持，所以一般比較大的牛肉麵店，都會同時販售紅燒牛肉麵和清燉牛肉麵兩

• 吃牛肉麵配個小菜，便宜又好吃。

種口味。為了吸引年輕的食客光顧，有些老闆又陸續研發出各種新口味，例如：番茄牛肉麵、蔥燒牛肉麵、沙茶牛肉麵、麻辣牛肉麵、咖哩牛肉麵等。喜歡高級料理的甚至以進口高級牛排取代黃牛肉，一碗「精品」牛肉麵可以賣到3,000元新台幣以上。不過，也有價錢十分普及的牛肉湯麵，只有牛肉湯而沒有牛肉塊，但吃起來依然十分滋味，甚受學生和省錢族歡迎。

馬英九還在做台北市長時，為了推廣觀光，於2005年首次舉辦台北牛肉麵節，強打「世界牛肉麵之都在台北」的口號，引起熱烈迴響。透過網路票選名店和創意牛肉麵大賽等活動，全台北市的牛肉麵店都磨拳擦掌地要爭奪武林霸主之位。翌年，這個活動更擴大為台北國際牛肉麵節，連外國的牛肉麵達人都跨海來台爭霸，將牛肉麵的氣勢成功地烘上了國際級美食的寶座。由於這個牛肉麵節的成功，又刺激了其他小吃，如滷肉飯、肉圓等，也紛紛辦節比賽，為台灣的美食行銷更添姿彩。

⊞ 3. 珍珠奶茶

　　人的思考模式跟他所居住的環境頗有關聯，譬如說，住在台灣這個「小島」上的人，一向缺乏「大思考」，但是對於生活上的小細節卻頗多靈活的創意，甚至將它稍加包裝便能變成風行世界的「台灣特產」，例如「珍珠奶茶」便是如此。

　　喝茶加奶的飲法，無論是英國的下午茶、中國北方的遊牧民族、或是馬來西亞和新加坡的「拉茶」等都有，但是在奶茶中加入煮熟後外觀烏黑晶透的粉圓，且以「珍珠」命名的飲法，則是獨步全球的台灣原創，二十年來經不斷推廣演變，現已成為最具代表性的台灣大眾化茶飲，甚至有人說「珍珠奶茶」是台灣茶文化中最偉大的發明。

　　關於珍珠奶茶的發明，目前有兩種說法，而以第一說較流行。

　　話說在台中市舊商圈最不顯眼處的四維街上，有一家「陽羨茶行」，它就是泡沫紅茶和珍珠奶茶的原鄉。老闆劉漢介先生於1987年到日本遊玩時，看到日本人用雪克

・台灣茶文化中最偉大的發明。

（奶昔）杯將酒搖出泡沫，於是產生靈感，回台後仿效此法創造出「泡沫紅茶」，並開始以「春水堂」之名經營泡沫紅茶店。其後，他將泡沫紅茶、奶精混合調泡成奶茶，並加入個人喜愛的台灣小吃粉圓，成為「私房茶」，請來店客人試喝，不料得到顧客熱烈反應，乃開始正式販售。由於粉圓黑滾圓潤的模樣，讓劉先生聯想到「大珠小珠落玉盤」的意境，所以將它取名為「珍珠奶茶」。這種口味特殊的新茶飲，深受當地學生及民眾喜愛，很快就口耳相傳，廣獲知音人上門。終於在一次日本電視節目的訪問後，吸引了同行生意人的注意，於是這種奶茶的做法開始廣泛流行。

　　另一種關於誰發明珍珠奶茶的說法，則是說由台南市「翰林茶館」涂宗和先生所發明，據稱他是在鴨母寮市場見到白色粉圓而得到靈感，故早期的珍珠為白色，而後才改為黑色。但因為這兩家間店皆未正式向政府機關申請專利權或商標權，所以真假難辨，誰都可以仿制。後來為了爭奪發明權，春水堂和翰林茶館曾一度鬧上法院，後來卻不了了之。但以現今之企業發展規模而論，春水堂顯然領先一籌，它在台灣全省共有二十多家分店，還將「珍珠奶茶」推廣到內地市場，開設了中國上海店，堪稱行業盟主了。

　　在南台灣，珍奶又分成「波霸奶茶」（大顆粉圓）及「珍珠奶茶」（小顆粉圓）兩種。而「波霸奶茶」之名，據涂宗和先生在媒體訪問時所稱，為台南市海安路「草蜢」冷飲攤最早

稱之，並逐漸推廣至全島。1990年代前半期，「珍珠奶茶」首先列入「小歇」等連鎖泡沫紅茶店的菜單。由於泡沫紅茶店是在咖啡店於台灣流行之前就已成為上班族談生意與學生聚會的熱門場所，珍珠奶茶乃開始廣受學生和年輕的上班族喜愛。接著，在學校附近或補習班密集的地區、夜市等，逐漸出現賣珍珠奶茶的攤販。到了1990年代後期，有業者引進「自動封口機」取代傳統杯蓋。許多新的投資業者，如樂立杯、休閒小站、大聯盟、快可立等品牌均採用自動封口機，開始拓展連鎖式外帶飲料店業務。自此，外帶的珍珠奶茶店便成為主流，也因為眾多連鎖店的加盟，商人開始將珍珠奶茶拓展到全世界，使得珍珠奶茶成為國際知名的台灣飲品之一。

用溫熱紅茶加上牛奶和糖，是一般平常不過的飲法，不過，將圓潤有彈性的粉圓加進去，經過雪克杯上下搖晃，一顆顆沾染香醇奶茶的粉圓，就化身變成誘人黑珍珠。「珍珠奶茶」中的香Q粉圓，讓人含在口中就能嚼到簡單的幸福味道，它不但成為全台灣最普羅的飲品，甚至走在中國上海、香港；美國舊金山、紐約；加拿大溫哥華；英國倫敦；日本大阪、京都等大都市的街頭，都可以看見珍珠奶茶店的身影。對於身在異鄉的華人，走到世界各地都能喝到一杯「珍珠奶茶」時，不僅獲得味蕾上的滿足，更有一種思鄉的慰藉之情呢！

■ 4. Motel

在兩岸通航和開放旅遊前夕的2008年4月，由鳳凰衛視台長劉長樂帶隊的一行9人大陸房地產開發商（被台灣媒體冠以「大陸富豪團」稱號）捷足先登赴台參訪，展開4天3夜考察之旅。在密集的行程中，他們撥出了不少時間參觀已打出名號的一些豪華汽車旅館，還特別夜宿台中知名Motel沐蘭精品旅館以作親身體驗，反映出這種在台灣已十分火爆的「愛情旅館」，已成為大陸房地產業觀摩學習甚至準備移殖的對象。

按英文原名，Motel（汽車旅館）與Hotel（旅館，飯店，酒店）雖只有一字之差，但其建築設計與經營觀念均大有不同。國土廣闊、有汽車王國之稱的美國，早在1925年已出現了Motel，一般分佈於高速公路兩旁供長途開車的旅客住宿，其建築外貌和室內設備相對於Hotel而言簡陋得多。後來，在緊鄰美國的墨西哥和中南美洲，Motel逐漸發展為時租旅館供過境旅客作短程休息。直至近30年，隨著全球經濟的迅速發展和道德觀念的開放，「情侶幽會」和「男女交歡」的需求越來越大，美國以外的Motel大多向Love Hotel這個新市場轉型，在哥倫比亞和巴西，Motel甚至成為愛情旅館的專用名詞。

在亞洲，色情工業發達的日本在愛情旅館業無疑是領先同

• 美國的Motel（汽車旅館）。

僑的。根據統計資料顯示，目前全日本約有2.5萬家愛情旅館，每年的營業額高達3兆日元以上。由於開設愛情旅館利潤豐厚，自然吸引了日本國內、甚至其他國家的銀行和金融業者投資。在日本經營5家愛情旅館、共有195個房間的Leisure旅館集團，甚至在2007年11月於英國倫敦正式掛牌交易。

　　在社會風氣和大眾消費文化一向緊跟日本之後的台灣，自然不會對這股Motel崛起的風潮充耳不聞。說起來，私人轎車在台灣開始普及，也就是1980年代中葉以後的事。隨著亞洲四小龍的經濟成長，以及戰後新一代的進入社會，年輕情侶約會越來越追求浪漫的情調，甚至經濟條件較好的夫妻都渴望拋開日常的家庭束縛出外透透氣，開車到郊外兜風成了新的流行，兩情相悅之餘找一般旅館「休息」（在台灣俗稱QK）的情況也就日趨普遍。到了1990年代，由於市場漸大，終於在全省各地的高速公路交流道旁出現了眾多的小型汽車旅館，但初期大都以方便和實用為主，消費價格也相當大眾化。直至2000年在距離桃園火車站5分鐘車程的萬壽路上出現了薇閣（We-go）精品旅館，台灣的汽車旅館業才有了第一家大張旗鼓走浪漫豪華風的

品牌Motel。

薇閣精品旅館的創辦人許調謀原來在桃園從事建築業，並非業界的大腕，但他對「女性主導消費的時代來臨了」有獨到的觀察。1996年因李登輝提出「兩國論」，加上緊接而來的亞洲金融風暴，台灣的建築業遭逢大衰退，很多在市郊擁有大片土地卻無法推出建案的房地產商感到頭大，紛紛將其土地投入已日趨泛濫的汽車旅館市場。許調謀趁機到日本參觀很多著名的汽車旅館，發現他們豪華氣派的建築和客房內充滿各種玩樂設施（如遊戲機、卡拉OK、吃角子老虎等）與情趣用品的經營方式，跟當時台灣的汽車旅館大為不同，於是決定另闢蹊徑，投下重資創建「超六星級飯店」的精品旅館，用來吸引重視感性消費的女性消費族群。果如其所料，這個「藍海策略」果然一炮而紅。

許調謀曾在他自己執筆的「經營者的話」文章中寫道：「自從開了薇閣之後，這幾年最常被問到的問題就是：你為什麼會轉行做薇閣？薇閣為什麼被做成這個樣子？薇閣為什麼會成為業界的領導品牌？」其實汽車旅館是最普通不過的行業了，當時要把這個產品做這麼大的創新，把這項產品的歷史價格做倍數以上的調升，把一個甚至一直被視為低價格化的產品逆向操作做成精品化的包裝，而且把它一開始就界定為都市生活的驚奇樂園，集休閒、娛樂、時尚、浪漫於一身之外，又要有私秘性的考量，最後還要把這個行業一向所最欠缺的服務性、接觸性的軟體服務做細節化的考量，甚至完全改變這個行

業無論在國內外的「獲利模式」和「競爭利基」，其實最主要的原因就是來自把普通的事做到很不普通。」許又津津樂道：精品汽車旅館原本只是男女偷歡的去處，但如今也成為一般夫妻重燃熱情的浪漫選擇。據統計，薇閣現在的客源，有3成是夫妻，甚至有一些是夫妻帶了小孩一齊去玩的！

　　真正令薇閣取得江湖霸主地位的，是它兩年後在兵家必爭之地的台北市中心區林森北路上投資金額約4.3億新台幣改裝舊旅館而成的薇閣林森館。此館只有87個房間，但1年就有36萬人次的情侶光顧，換言之，平均一天就有1千位男女到薇閣約會，真是「場場客滿、爆到不行」。靠著「時間分享」及

•客房中的超大浴缸。

「價格切割」的彈性經營方式，薇閣林森館房間的平均周轉率竟可超過500%。此館的消費價格並不便宜，住宿4,000元起，休息1,580元起，但他們平均一天的業績可以做到100萬元，只要一年多就回收了全部的投資本金。這種生意在今日的台灣往那裡找？

　　流風所及，這幾年不但薇閣本身積極展店，新竹館和大直館於2007年和2008年陸續開幕，還將計畫前往大陸蘇州，開設擁有800間villa的薇閣精品旅館。其他同業也紛紛投下重資加入市場，如今走精品風格的汽車旅館在台灣已經超過200家。近日

的電視新聞報導，Motel之中也出現了「總統套房」（還附帶一隨扈房），房間面積達300坪之大，房內甚至有私人游泳池，其奢華程度直向杜拜的帆船飯店看齊，但其一天租金「只要」3萬多新台幣，這麼價廉物美，怪不得Motel會成為令台灣在兩岸觀光熱中揚名的又一特產！

在2009年11月，台北市的立法委員吳育昇，被狗仔隊拍攝到他背著妻子，開著租來的名車帶「香奈兒熟女」孫仲瑜到「薇閣」開房間偷歡，新聞爆開後轟動了整整半個月，再次印證了Motel在台灣風月場合幾乎不可或缺的重要性。

5. 民宿

　　由於台灣在過去很長一段時間曾經是日本的殖民地，所以民眾（尤其土根性強的鄉鎮民眾）在生活習慣上深受日本文化的影響，此風至今未息，例如台灣的「民宿風」近年越來越盛，就是頗值一說的「哈日現象」。當然，台灣本身的社會轉型發展和「愛台灣」口號的鼓吹，對此也有順水推舟的必然性。

　　民宿，基本上是一種私人經營的小型家庭旅館，其規模大小和經營方式都與一般的商務旅館有檔次差別。「民宿」（Japanese Minshuku以及Pension）此字源自日本，一般是指經日本政府批准開業的由個人經營的家庭式旅館，這類設施多地處市郊或旅遊區附近。日本民宿經營者一般擁有自己的住宅，主人騰出多餘的房間用來接待旅遊客人，並提供客人早晚兩餐家常菜。而在英美性質相似的「Bed & Breakfast」（簡稱B&B），則僅提供客人住宿與早餐。

　　原來是「以農立國」的台灣，也像日本一樣在鄉間有很多農舍，甚至有些農舍的建築規模不小。在1970年代，台灣往工商業社會發展，農業人口大量流向都市，農舍空置者越來越多。但是在1980年代民間經濟逐漸富裕之後，一般台灣民眾才開始有「島內旅遊」的意識。但當年的農民仍普遍沒有將空置

農舍改營民宿，以「家庭副業」增加收入的想法，因為休閒式
的遊客數量仍然有限，他們大多只會開車到附近的觀光區作一
日遊之後便打道回府休息，非得多留一天的便入住當地的商務
旅館或較便宜的小旅社。直至台灣政府於2001年開始全面實施
「周休二日」制度，一般老百姓每周有了兩天不用工作，時間
短促又不宜赴海外觀光，因此才有如水銀瀉地般湧向島內各觀
光區和休閒娛樂景點。兩個白天之間必有一個黑夜，遊客在外
住宿的需求陡然大增。那些空置已久的大小農舍忽然之間有了
大展身手的機會，於是在全省各地如雨後春筍般增加了數以千
計的大大小小的民宿。

　　最小的民宿可能只有一間客房，而大型的民宿則可能具有
露營地，獨棟別墅等，某些民宿主人甚至會規劃出當地的旅遊
行程供客人參考，或推出主題式民宿（果園、農場等）吸引客
人。所以，具有特色與口碑的民宿常常成為熱門之選，不少家
庭出遊時寧捨旅館而選親切熱情的民宿。此外，一些具有特殊
建築風格、或是客房裝修精美的民宿，經常成為媒體報導的焦
點而變成為知名民宿，更有甚者成為連續劇的取景地而廣為人
知。台灣的觀眾常從有線電視的日本頻道中欣賞到日本特色民
宿的報導，等於有了一個免費的老師在指導，因此台灣民宿這
一行的水準提升得很快。

　　根據主管民宿的「交通部」統計，截至2008年6月底，全台
灣的合法民宿家數有2,477家，客房總數9,866間，兩者都比2005

年底增加了一倍；而在同一
時期台灣地區的觀光旅館客
房總數卻是減少的（全台灣
的觀光旅館共計90家，客房
總數21,051間，比2005年底
共減少了383間）。民宿業

• 民宿通常設在風景清幽處。

者更進一步指出，台灣的民宿家數至少有8,000家以上，只是地
方政府未將高達70%的違法民宿查報而已。這反映出一個既可
喜亦可悲的現實：台灣島對國際觀光旅客的吸引力降低了，但
台灣本地的居民卻對境內旅遊的興趣越來越高。阿扁政府在過
去8年拼命呼喊「愛台灣」的口號似乎真的收到了效果，很多家
庭對台灣本身擁有的大自然美景從過去的充耳不聞轉為如今的
如數家珍，一休假便攜家帶眷出去「趴趴走」；年輕人更是把
「騎鐵馬環島遊」當作最時髦的活動，凡是看過2007年的台灣
片《練習曲》的觀眾應可感受到那種觸動人心的氣氛。

　　由於同業的生意競爭逐漸趨於激烈，而部份習慣了觀光
旅館高消費的遊客也轉向有特色的民宿尋求新鮮感，於是新建
的台灣民宿開始往大型和豪華的方向發展，奢華的程度甚至直
逼國際觀光飯店，造價動輒達一、兩億元新台幣，訴求巴洛克
式、希臘式、地中海等歐風造型的民宿比比皆是，甚至會讓一
些歐美的外國人驚嘆為「台灣奇蹟」，這種經營觀念顯然是向
台灣的Motel業者取經。「交通部觀光局」的官員坦言，越豪華

的民宿，其不合法的比率越高！

　　根據台灣現行的法律規定，一般民宿的房間數不得超過5間，即使是特色民宿，房間數也不得超過15間；房間數若超過此數者，業者應申請設立為一般旅館。那麼業者為什麼放棄「旅館」而取「民宿」呢？因為民宿的建築用地不受限制，也不用交營業所得稅，又可規避一般旅館的消防和建管標準，堪稱享盡優待。但是，如今規模稍優的民宿收費卻不便宜，以苗栗縣南庄鄉一家名為「木玫瑰」的民宿為例，其雙人房在平日的收費是2,500元，假日更調高到3,500元，實在跟一般觀光旅館差別不大，甚至跟名牌的薇閣林森館Motel的住宿費也只是差500元而已。可見民宿這一行已在「向錢看」的風氣影響下開始變質，逐漸失去了當初的純樸感和普羅性。有些騙子利用網站上美美的「虛擬民宿」，詐騙民眾的訂房費用，使遊客乘興而來敗興而歸，那更是等而下之了。

　　在2008年8月中，報上赫然刊出南投縣的民宿業者透過捐客向縣府官員送紅包賄賂，要求民宿稽查員從寬認定，以便早日取得經營許可的醜聞。政府檢調人員到縣府搜索後，將觀光處長等9名相關人員帶回偵訊，同時也傳訊了民宿業者和擔任捐客的代書共15人，被檢方掌握確切情資的涉嫌違法民宿共有5家之多。縣府官員吐苦水說，承辦人若從嚴認定，怕被指為打壓觀光；若太放鬆，又擔心遊客的安全會出問題，他們也是左右為難呢！

6. 夜市

　　飲食文化頗能反映一個地方的風土人情和住民氣質，這個現象在台灣人身上可以明顯地感覺出來。

　　很多人都知道，台灣菜之中並沒有什麼特別端得上檯面的大菜，如今享譽四方的「台灣美食」大都是些風味小吃，但就是依仗著這些本來並不起眼的小東西，卻充份反映出台灣人擅於在小事上努力鑽研和不斷改進的靈活創意與生活智慧。當初在本質上只是讓小老百姓在夜間趕集的「夜市」，在攤販們不斷呼朋引伴推陳出新、而地方政府機關又懂得因利乘便從旁協助之下，「逛夜市」竟逐漸發展成令觀光客流連忘返的來台觀光必備節目，堪稱是在硬實力上不足的台灣於國際大環境不景氣的狀況下一種頗具特色的「文化創意求生術」。

　　什麼是夜市？台灣的夜市裡面都有些什麼內容？這可不是三言兩語說得清楚的。大致說來，台灣的一般夜市跟近鄰香港的夜市（如著名的廟街夜市）雖然都屬於吃、喝、玩、樂等通包的「平民夜總會」，但香港的夜市比較偏重於讓外國遊客「買東西」，故攤位上林林總總古靈精怪的小商品特別多，小吃攤只屬陪襯性質；而台灣的夜市則比較偏重於「吃東西」，各種風味的中外小吃特別多，足以讓貪吃的嘴巴大呼過癮而

回，同時玩樂性質的攤位也內容豐富，頗適合全家老少共同出遊消磨一晚的時光。

目前，在台灣全省約有大大小小近千計的「夜市」存在，每逢華燈初上，一種能夠反映台灣文化、凝聚住民共同記憶的特殊生活方式就開始在各地上演。一般來說，台灣北部和一些大城市裡的大型夜市，比較常以固定的區域和攤位型態經營，有些甚至打著「觀光夜市」的招牌在宣傳；而南台灣的夜市則頗多流浪族，那些攤販分不同時間在各鄉鎮市出沒，群聚在一塊大空地就擺起攤來，而當地居民百姓去逛夜市則有如參加晚上的趕集，頗維持著一種農村社會的草根風味。例如台南的歸仁夜市，就有超過200攤以上的規模，逛起來也煞是好看。

當前台灣北、中、南三區知名度最高的3大夜市，分別是：台北市的士林夜市、台中市的逢甲夜市、高雄市的六合夜市，其中前兩處的市場規模都十分驚人，夜市商圈可以吸引好幾萬的消費者，假日期間遊客更會激增至10萬人以上，消費力驚人，因此使其周邊的商舖行情都水漲船高，租金直追市中心的黃金地段。

士林夜市為台北市最具規模的觀光夜市，緊鄰捷運淡水線的劍潭站，以陽明戲院及慈誠宮為中心，包含了文林路、大東路、大南路等熱鬧街市集結而成，其中的士林市場早在民國前二年（1909年）即已興建，可見其歷史悠久。由於士林夜市鄰近銘傳大學，故平常以大學生為主要的消費族群，但近十多年

許多觀光客慕名而來，它
早已跨越了同樣是老字號
的圓環夜市、萬華夜市
等，成為亞洲遊客的最愛
之一。這個夜市的招牌小
吃，有大餅包小餅、炸大
雞排、士林大香腸、上海

• 這種市場規模雖不算驚人但也很夠看了。

生煎包、潤餅等，都令人垂涎三尺。1997年，香港名導演麥當
雄在台灣拍攝《黑金》一片時，特別安排了一場警匪槍戰的追
逐動作場面在士林夜市的大型攤販區內進行，映像效果凌厲別
緻，看過此片的觀眾應會留下難忘印象。

　　至於位在台中市逢甲大學附近的逢甲夜市，則是台灣中部
地區名聲最響亮的一個大型夜市，據說在此商圈登記的商家多
達1,500家，但好攤位卻是一位難求，要等2年以上才能進駐開
業的比比皆是。逢甲夜市主要範圍以文華路、逢甲路、福星路
為主，其中又有無數的小巷小弄，商家密集度很高，故每逢假
日只有用「水洩不通」四字來形容。其中，文華路的歷史最悠
久，是這個夜市區域中最先開發的道路，故在十多年前，逢甲
夜市也稱為文華夜市，後來因為來逛夜市的人潮越來越多，便
不斷有新的小吃店和商店在附近街上設點經營，商圈範圍亦越
來越大，房地產價格也跟著水漲船高。2007年，香港電訊盈科
主席李澤楷也特意前來逢甲商圈考察，可見此地的發展潛力。

　　台中市素有「文化城」之稱，城市雖不算大，但民間卻臥虎藏龍，經常會爆發出一些在台灣引領風騷的流行創意，像天下聞名的珍珠奶茶就源自台中。在競爭激烈的逢甲夜市，因為天天有好幾萬人前來品嘗小吃，貪便宜愛嘗新的年輕人又特別多，遂成為「新品測試」的一個絕佳試驗場。很多想創業又缺乏雄厚資金的台灣青年，往往在三兩好友湊個幾十萬新台幣之後，便跑到進入門檻較低的逢甲夜市擺小吃攤。他們將自行研發的便宜又好吃（在台灣稱「俗擱大碗」）的新鮮小吃，或是把自己在國外旅遊時吃過的難忘美食引進之後加上本土口味的改良，就推出在夜市銷售。它完全不用花推廣費用，又馬上就可以知道市場反應，真是生意人的天堂！一旦獲老天眷顧，有人在攤位前大排長龍，這些創業小老闆便迅速在同一商圈增加攤位打響其品牌知名度。要是運氣再好一點上了媒體報導，獲得有線電視美食節目，甚至獲知名美食部落格（博客）的推薦，他們更會揮軍北上到台北市開店，或是乾脆在台灣全省搞品牌連鎖加盟。這種麻雀變鳳凰的小青年致富故事，近十年在台灣不斷上演。台中市的餐館老闆中，也有不少是在逢甲夜市上「練攤」起家的，因此，想要開店或搞小吃加盟的，不到逢甲拜碼頭學本事可不行呀！

　　至於高雄市的六合夜市，規模較前兩者小得多，它距離高雄火車站不遠，僅佔六合二路的一小段，白天是筆直的大馬路，到了晚上才化身成為人來人往的熱鬧市集，走完一圈只需十多分鐘，但近年在高雄市政府的強力規劃下，也成功塑造出國際級美

食觀光夜市的整體形象，在大陸遊客的指名度上不輸台北的士林夜市，尤其鄰近新開通的高雄捷運美麗島站，更是後勢看好。

六合夜市最特殊的景觀是招牌林立的牛排店及海產店，大大小小有十多家，兩排攤位從山產、海產、特產小吃到冷飲冰品等應有盡有，其中的木瓜牛奶、肉燥飯和鹽蒸蝦屬招牌特色。

‧白天空蕩蕩的士林觀光市場，一到夜晚就會變成水洩不通的士林夜市。

▶ 7.嚼檳榔

　　台灣有很多特有的生活習慣和文化現象，是不在島上居住過的人所難以理解的，例如像「嚼檳榔」的習慣，以及因此引伸出來的「檳榔西施」現象，就是頗具代表性的例子。

　　這裡先介紹一下台灣人對「嚼檳榔」的熱愛。

　　「檳榔」一詞源於印尼語，即指檳榔樹的種子。檳榔與椰子同屬于棕櫚科常綠喬木，樹的主幹可高至2、30公尺。檳榔原是重要的藥用植物之一，可是

·檳榔。

近40年在台灣絕大部分都拿來充當提神的零食，有「台灣口香糖」的俗稱。由於台灣的勞動工作者和長途開車的司機族群幾乎都依賴嚼檳榔來提神，因此每年花錢買此種「台灣口香糖」的金額超過仟億新台幣以上，形成了一個十分龐大的「檳榔產業」。而那些因為嗜嚼檳榔而經常把口腔和嘴唇弄得通紅的人，則被通稱為「紅唇族」。不明就裡的外國遊客經常會在台灣的一些較小的馬路邊或偏僻空地上看到一灘一灘紅色的「血跡」，奇怪台灣怎麼會有那麼多人「吐血」？其實那是紅唇族

吐出來的紅色「嚼檳汁」而已。

　　台灣在稱為「亞洲四小龍」的1980年代，對外貿易和建築行業都在蓬勃發展，勞工大量增加，檳榔變得供不應求，很多農戶眼看種檳榔好賺，而且容易打理，遂紛紛將自己的農田改種檳榔樹。平地的農田不夠，便瘋狂開發山坡地來栽種檳榔樹。至今你只要較深入台灣內陸的農業縣份，放眼望去就盡是高高的檳榔樹，非常壯觀氣派。20年前我到妻舅在南投深山裡的農家過年，就已親眼目睹過這種情景。根據台灣農委會的資料統計，種植檳榔的農戶現已高達7萬戶，而檳榔也於1990年代之後成為台灣最主要的農業經濟作物。不過，瘋狂種植檳榔的結果，卻對台灣的山坡地水土保持造成了極大的危害，如今每遇暴風和豪雨，台灣的山區就會出現或大或小的「土石流」，這就是早年官民追逐經濟成長而不顧環保的惡果，但現在後悔已來不及了。

　　雖然醫學界早已經證實嚼檳榔容易導致口腔癌，但如今嚼食檳榔的習慣在台灣仍極為普遍，且食用人口還由藍領的男性逐漸擴展到白領和文藝界，甚至也有一些時髦女性和遊客亦愛此道。就有不少香港電影界的人到台灣拍片後迷上了檳榔（另一項教他們情不自禁迷上的是台式「麻辣火鍋」），返港後仍不時托台灣朋友帶檳榔去給他們解饞。因為市場大，販賣檳榔的小攤遂充斥台灣的大街小巷，最後因競爭太過激烈，有些檳榔攤開始學會出奇招搶生意，終於衍生出以女色來吸引顧客上門的「檳榔西施」。

▋ 8. 檳榔西施

　　台灣的檳榔攤，早期只是在靠馬路邊的自宅或是騎樓上隨便擺個小攤就直接營業，有些甚至連招牌都沒有。但在台灣西部的南北向縱貫公路上一眼望去，一條大街上就有4、50家檳榔攤的招牌延綿分佈時，彼此的生意競爭激烈程度就可想而知。腦筋動得快的老板，開始有人在招牌上加掛霓虹燈，入夜後顯得五光十色十分搶眼，較易吸引到開車人的目光，自然也增加了他們停下車來買檳榔的機會。眼看著霓虹燈這一招收效，於是同一條街上的檳榔攤紛紛仿效，人人都有霓虹燈。日子久了，吸引力遞減，又有人想到只用霓虹燈效果不夠強烈，何不搞個施工警示燈上去？入夜後，一閃一閃的燈球在馬路邊一字排開，好不搶眼，狀況外的司機煞時間還會以為有警察在路邊臨檢呢！雖然這一招短期內效果奇佳，但附近的檳榔攤同業很快就有樣學樣，畢竟這種低門檻的文化創意太容易抄襲了。

　　終於，台灣生意人最喜歡用的殺手鐧登場了，那就是在原有的生意加上「粉味」——當台灣的經濟狀況從「台灣錢淹腳目」的1980年代榮景開始逐漸衰退時，娛樂業的MTV及KTV都是用這一招度過難關的。這些衝在前面的檳榔攤，除了在攤子的外觀上爭奇鬥豔之外，開始在跟消費者作第一線接觸的「售

• 吸引住路過司機停車購買是檳榔西施的重要工作。

貨員」身上動腦筋。原來只是基於節省成本而將就著叫家裡的老媽子幫忙顧攤的，紛紛叫她們回家裡煮飯帶孩子，寧可另外花錢換上年輕漂亮小姐充當賣檳榔的業務員，完全檳榔攤當作一個「活色生香的路邊舞台」來經營。有一些裝潢設計較具巧思的大型檳榔攤，外面是一整片落地大玻璃，裡面是色彩鮮艷的粉紅牆壁，中間坐著一名穿著清涼的辣妹在簡單的檯子上切檳榔包石灰，看來就像上演一齣舞台劇，無論是白天或是晚上開車經過的卡車司機，鮮有不被這種景象吸引住而停車看個究竟的。有一些司機開車時因只顧著觀看路邊的檳榔西施而忽略了駕車安全，還製造了不少的交通意外。

檳榔西施的出現果然引起了相當大的轟動，使這個行業升級到2.0版。一時之間，沿南北向的縱貫公路和嘉義、桃園縣市郊區馬路上的檳榔攤風景大變，再難找到年老色衰的人在賣檳榔，雖然那只是每次交易額甚小的粗活。然而，台灣人的生活文化就是喜歡「重口味」，事事要求「短線速成」。為了迅速提高生意業績，光是用年輕漂亮小姐當檳榔西施還不夠，還會給個3、5千元紅包，要求她們「加碼」，盡量穿少一點，最後更發展到「穿護士服或水手服或透明裝」上班，讓人瞠目

結舌地在大路邊上演著幾近「有傷風化」的勾當。有少數檳榔西施甚至容許客人在面對面接觸時（如開轎車的客人搖下車窗取檳榔時、或她上遊覽車上送檳榔時）對她上下其手，藉以吸引大客和賺取小費（拿千元大鈔買3、5包百元的檳榔就免找了）。如此一來，人們難免會對檳榔西施這個行業投以「有色眼光」。

　　儘管如此，有些檳榔西施仍認為賣檳榔並不是個輕鬆的工作，不但每天上班時間長（8小時或以上），要賣到30包檳榔以上才能每包抽成10元，有時還會遇到變態的顧客，車窗搖下來時故意露得比檳榔西施更多，藉此取得另類方式的滿足。不過，在經濟不景、工作難找的情況下，每天起碼能賺幾百元又不用真正出賣皮肉的檳榔西施工作，還是成為一些年輕女孩、尤其是高中職輟學學生和逃家少女熱衷的臨時職業。像在雅典奧運代表中華台北勇奪跆拳道金牌的選手陳詩欣，在她的浪蕩歲月就曾做過一陣子檳榔西施。

　　由於台灣的檳榔西施文化世界少有，幾年前即已揚名天下，國際知名媒體如美國有線新聞網CNN、英國BBC、和日本中京電視台等都曾特別前來台灣作專題報導。如今大陸的觀光客一來到台灣就指名要看檳榔西施，甚至有老外專門架設英文網站，圖文並茂地介紹台灣的檳榔西施。經年累月之下，檳榔西施竟發展成台灣的一種文化地標，這到底是喜還是悲呢？

■ 9. 電子花車

　　電子花車，就像我們之前介紹過的咬檳榔和檳榔西施，都是最「正港」的台灣特殊文化之一，在台灣鄉間的婚喪喜慶和廟會活動，已成為不可或缺的民俗文化的一環。喜歡看台灣鄉土電影的人，三不五時可以在畫面上看到穿著清涼火辣的歌舞女郎在燈飾炫麗的電子花車上肆無忌憚地表演，為台灣的夜空添上不一樣的異色，例如前幾年出品的電影《艷光四射歌舞團》，就是相當有代表性的一部。

　　在台灣的大眾媒體上出現對電子花車的報導，大多是傷風敗俗的負面新聞，因為內容不夠勁爆根本上不了新聞版面。像在2007年8月19日以圖文並茂方式佔據了各大報半版篇幅的一條報導是這樣的：「新竹縣芎林鄉廣和宮辦理中元普渡廟會，神豬比賽獲獎爐主出資聘請電子花車前來歌舞助興，結果兩台電子花車在廟會中拼場，為了全力吸引台下觀眾，其中一台竟由花車女郎將一男子拉上台脫得精光，當眾為他打手槍直到射精為止，看得台下目瞪口呆。另一台電子花車輸人不輸陣，亦想如法泡製，經廟方的人警告別太過份，花車女郎也就沒脫下男子的內褲，但仍誇張地在他身上不斷摩擦，直到男子的內褲全濕才讓他下台。」這種在婦孺面前公開上演「A片畫面」的情

況事後雖由警方接獲檢舉展開調查，但當事人的毫無法治和道德觀念，以及現場竟無人敢於（或是願意）挺身而出制止這荒誕一幕的怯懦鄉愿態度，已可反映出以「愛拼才會贏」為指導思想

• 電子花車是「台客文化」的代表之一。

的「台客文化」已令當前台灣的社會風氣變質到什麼地步！

　　當然，電子花車這個行業並不是一開始就這樣不堪的。相傳電子花車是從內地的泉州和廈門所引進台灣的「藝閣」演變而來，原本以人力扛抬遊街以表演各種南管樂曲的藝閣，慢慢轉變成用牛車、木輪車、電動車以至於大貨車承載，其上表演舞台的裝飾也越來越花俏，漸變成如今的電子花車模式。但據本地學者所作的田野調查發現，符合當前概念的電子花車，其實是在1970年代初期於台灣中部以農漁業為主的貧困縣份雲林、彰化沿海一帶發源的。當時，台灣民間流行在喪葬儀式中聘請女子西樂隊當陣頭，讓鄉親可以在送葬行列中看到穿著整齊制服的年輕女子拿著樂器沿街吹吹打打，藉以彰顯喪家的財富和地位，也讓孝子賢孫臉上有光。台灣名導演白景瑞拍於1971年的畢生代表作《再見阿郎》，就是以這種女子西樂隊為題材的。後來有人將徒步而走的女子樂隊搬上貨車上吹打，又逐漸將這些貨車加以裝潢美化，並在貨車尾端闢出一個可以表

演的小舞台，又加入了剛面世的電子琴充實樂隊陣容，於是確立了現代電子花車的基本模式。

到了1980年代，電子花車漸漸廣佈台灣各地，女子西樂隊變成了綜藝歌舞團，表演的舞台有如是一個「流動的歌廳」，因此，不單成為喪家酬謝送葬親友必備的餘慶節目，結婚擺桌、廟宇酬神等喜慶場合也樂於邀電子花車表演助慶。當年正是台灣經濟高速成長的黃金時代，「台灣錢淹腳目」，人人都愛擺濶。在大家樂和六合彩的全民賭風助燃下，電子花車在台灣中南部鄉鎮更成了一種新流行，他們接到的出車工作範圍，擴及結婚文定、新居落成、尾牙、春酒、聯歡晚會、甚至房地產公司推出新建案時和地方政客在選舉時吸引人氣的造勢活動。接單的綜藝團、康樂隊、或傳播公司，本身擁有音響、燈光等設備，也有搭設舞台的器材，用一台小貨車載運至活動現場架設舞台，或直接用貨櫃車改裝而成的大型電子花車作舞台加以組裝，即可熱熱鬧鬧地作露天劇場式的表演。

由於生意興隆，此時有不少人投入電子花車行業，台前幕後的從業員多達數千之眾，更有一些是全家出動的家族式經營，父母接生意和佈置舞台掌控音響燈光，女兒則上台主持節目或是表演歌舞。此時，電子花車業者已敢於投入數十萬以至上百萬元新台幣將大中型貨車改裝，外觀上裝飾以炫麗七彩霓虹燈光，後廂搭有表演舞台、電子琴室和更衣休息室，在車身三分之二處則做一個五彩的拱門，拱門上會寫著某某歌舞團的

招牌，車身兩側也作同樣的裝飾，整部車子裝潢得珠光寶氣，有如一座小歌廳。台灣後來更出現了專業的電子花車製造商，將大型貨櫃改裝成油壓式控制的活動舞台，車體重達30、40噸，造價達200萬元以上，整個龐然大物白天在中南部的鄉鎮小路上奔馳，晚上到了廟口或廣闊空地上就變身成金碧輝煌的歌舞表演台，非常的壯觀而有效率。

這個時期也正是「歌廳秀」走紅於台灣的年代，《豬哥亮餐廳秀》錄像帶是中南部家庭觀眾最喜歡的娛樂節目，因此電子花車上的表演節目一般都是正規的歌舞秀和笑話，由年輕的妹妹穿著釘上亮片的舞台服扭腰擺臀地唱些台語歌和時下的流行歌曲，雖不見得歌藝有多出眾，起碼也秀色可餐，算是把通俗文化帶下鄉。條件較好、表演較出色的電子花車女郎，很多都會接單趕場，在每個台上唱幾條歌便匆匆趕赴下一個舞台，高潮時一天得趕個6、7場，收入不俗，但壓力也大，接送車子常常是以向鬼門關挑戰的速度在公路上奔馳。所以，真正負責在現場從頭至尾把場面搞熱鬧，令男女老少觀眾樂開懷的，通常還是依賴那個口齒流利、瞎扯功力超凡、能把死的講成活的、上流講成下流的節目主持人，他才是舞台的串場靈魂和製造歡樂笑聲的泉源。有一些主持高手，的確是從正式的歌廳轉過來的。

到了1990年代，這個行業因為台灣經濟的走下坡而形成了越來越激烈的生意競爭，表演內容遂逐漸變質。花車女郎的穿著打扮更清涼火辣了，主持人的有色笑話講得更露骨了，遇

到好幾家業者同時拼場時，脫衣舞的演出也上場了，甚至花車女郎要走到台下跟觀眾互動，做出一些令人想入非非的動作，外加偶然會遇上的鹹豬手襲擊。踏進21世紀，有人把西方的鋼管舞引進了台灣，電子花車也迅速加入了這項堪稱爆炸性的表演，在車子上豎起一根粗粗的鋼管。於是身手像雜技藝人的鋼管女郎成了電子花車的新寵，不少歌舞女郎都特意上台北拜師學習跳鋼管舞的技術，好讓她在這個競爭激烈的行業能夠繼續生存下去。

如今，每年約有100個新人加入花車女郎行列，自然也有相同數目或更多的花車女郎遭到淘汰。這些曾經自恃是「賣藝不賣身」的年輕女孩，有些為了維持生計逼於現實轉到了更不堪的行業去了。彷彿，這是每個景氣不好就業困難的地方都會發生的故事，不是嗎？

▌10. 恆春

因為一部台灣本土電影《海角七號》奇蹟般瘋狂賣座（總票房高達5.2億新台幣，僅次於史上最賣座的《鐵達尼號》（《泰坦尼克號》），看《海角七號》已成為最夯的全民運動，使得本片的拍攝場景──台灣最南端的小鎮「恆春」，從一個被認為傳統落後乏人問津的所在一下子翻紅成為當時最熱門的旅遊景點，甚至有旅行業者趁機推出「追景專案」、「折抵電影票根旅遊活動」等等製造人氣。真想不到台灣電影在跌入谷底多年之後，竟然會出現台版的《冬日戀歌》和《大長今》，行有餘力帶動地方觀光熱潮，為鄉民繁榮經濟，真是教人既感動又高興。不知道大陸的台灣旅行團，日後在編排行程時會不會也增加「海角七號之旅」？

不管如何，利用這個新聞熱跟大家介紹一下恆春，還是挺有意思的。

《海角七號》的主題曲叫「國境之南」，凡是讀過村上春樹小說的人應對此詞語並不陌生，因為他的一本名作就叫《國境之南、太陽之西》，把國境之南描寫為烏托邦。而在二戰之前，「國境之南」是指大日本帝國的國境南方──台灣（當時台灣仍是日本的殖民地），而恆春又位在台灣的最南端恆春半島之上，

隸屬於屏東縣。此地介於北緯22度與23度之間，由於氣候溫暖，四季如春，從前遍地長滿蝴蝶蘭，故恆春的古名「瑯嶠」，就是排灣族語「蘭花」的音譯。清同治年間，大臣沈葆楨奏請朝廷在此地築城牆，設縣治，並將其改名為「恆春」。

恆春半島俗稱「台灣尾」，東臨太平洋，西面台灣海峽，南邊為巴士海峽。

恆春有一個地理和氣候上的特色，就是「落山風」。每年約從9月到次年3月，來自西伯利亞飽含水

• 恆春古城。

氣的東北季風會順著高聳的中央山脈向南吹，到了恆春半島的枋山溪後，由於山脈高度陡降，季風得以找到出口，就順著地形加速吹向海洋，形成了恆春半島有名的「落山風」。汪笨湖在1980年代曾以《落山風》為名寫過一本情慾小說，當年海峽兩岸都曾以此改編劇本拍成電影，台版的女主角還特別邀請韓國的影后姜受延擔任。

由於恆春地處熱帶性氣候，南方的海岸有珊瑚礁地形，加上自然生態豐富，台灣政府於1982年將第一座「國家公園」設立在恆春鎮東邊的墾丁，從此「墾丁國家公園」成了觀光客到台灣南部看完高雄的澄清湖之後必遊的景點。由墾丁再往南

走，就會看到台灣島最南端的鵝鑾鼻燈塔，站在這裡面對巴士海峽的碧海藍天，呼吸著從太平洋吹過來的海風，的確是別有一番滋味。至於喜歡水上活動的人，這裡更有如天堂，不但有好幾個素質不錯的戲水沙灘，還有可以衝浪的海邊，更有不少國內外的遊客特意到墾丁潛水，欣賞世界級的海底景觀，有些墾丁的潛水店家還推出「體驗潛水」項目，讓專業的教練以一對一的方式對遊客作簡單的教學後，讓他們也可以體驗翱翔海底世界的感動。

由於恆春地處偏闢，交通比較不便，對外主要仰賴省道台26線屏鵝公路出入，每逢夏天大量遊客前往墾丁國家公園遊玩或到海邊從事水上活動時，公路就會嚴重塞車。當地

‧恆春海邊得天獨厚的沙灘。

的五里亭雖然也有一個恆春機場，但只在夏天每天有一班客機從台北飛往恆春（航程約一小時），冬天則因為跑道方向與落山風方向對衝而不利飛機起降，時常都會關閉。因此台灣政府已計畫興建恆春線鐵路解決相關的交通問題。至於海運，曾有定期航班從高雄港開至恆春的海口，不過客人太少，已於2003年停駛。

由於工商業都不發達，恆春當地主要居住的是從事農、漁、獵為主的老居民，他們的祖先有部份從大陸跟隨鄭成功來台，輾轉南

下至恆春，和部份原住民分據於平地與淺山一帶。後來，也有北部居民南遷定居於此。

近年，由於恆春地方政府全力發展觀光事業，遂有一些精明的生意人看上了恆春海邊得天獨厚的沙灘和美景，以「特許經營」的BOT方式斥資在那裡蓋了多家五星級酒店，把原屬於大眾的好山好水變成為只有酒店顧客才能欣賞到的「五星級景觀」。例如這次免費出借給《海角七號》作為拍攝主場景的墾丁夏都酒店，就是其中頗有代表性的一家觀光酒店，它的皇家套房定價高達56,000元新台幣。這種圖利資本家的政策，當然在地方上會引起一些民怨。《海角七號》的編導魏德聖借劇中人的口說出了這兩句對白：「山上也要BOT，海邊也要BOT，什麼都被BOT。」；「為什麼這麼一片美麗的海，被飯店圍起來，我們民眾都沒辦法看到？」其批判觀點在觀眾中引起了強烈的反應，這段台詞現已成為流傳街頭巷尾的名言。但墾丁夏都酒店是輸了面子贏了裡子，因為電影狂賣，酒店不但知名度大增，片中女主角友子住的蜜月套房，一式總共14間，更是間間客滿，賺足了鈔票。

另一個值得一說的是已有十多年歷史的「春天吶喊」音樂藝術祭活動，現已成為恆春當地主辦的最著名的國際級盛會。被暱稱為「叫春」或「春吶」的這項活動，原是由兩位已經在台定居的外國人於1995年創辦的，他們只是想在墾丁這樣風光明媚的山景海邊找幾十個朋友彈彈唱唱，辦個音樂會同樂一番。不料在持續耕耘了十幾年後，「春天吶喊」已經在當地成

為一年一度的盛事，也是台灣迄今規模最大的國際型音樂藝術文化展演活動，不但很多台灣的年輕人從北部和中部專程南下參加，從香港和東南亞各地來「朝聖」的歌迷亦復不少。2007年它正式獲准進駐鵝鑾鼻燈塔公園內舉辦，活動為期3天，在10個舞台同時開演，超過500組表演團體報名，最後有230組國內外演出者破紀錄輪番演出，堪稱是盛極一時。《海角七號》的壓軸海邊演唱會，只是「春天吶喊」的縮小版而已！

▪ 11. 誠品

《誠品好讀》雜誌於2008年4月份推出第86期後，宣佈暫時休刊，重新調整內容定位。這個消息引起了兩岸藝文界和出版界相當大的矚目，不過，瞭解台灣藝文生態的人知道這已經是一件勢不可免的事。畢竟，虧本的生意誰要幹？

曾幾何時，只要一提到「誠品」二字，台灣的讀書人都會感到臉上有光，尤其24小時營業的誠品敦南總店，在國外遊客眼中更有如「台北文化地標」，充分反映了台灣的「文化力」。然而，隨著「扁政府」8年來的執政無能而造成的持續經濟不景氣，以及為數不少的讀書人口隨著大批台商及其家眷轉赴大陸內地長居，台灣的出版業首先中箭落馬，自數年前已出現「營業額萎縮」和「退書量暴增」的雙重打擊，整個出版業進入了歷史上最寒冷的冬天。

對於以「賣書」為主業的實體書店而言，它所面臨的經營困難並不止此，還要加上近年興起甚速的「網路書店」的競爭。兩岸三地最早出現的網路書店「博客來網路書店」，在1995年12月正式在台北成立時，初期對實體書店並無威脅性，但自從2000年6月與台灣全省通路高達2000家的7-11合作，展開「博客來訂書，7-11付款取貨」服務後，業務即迅速開展，甚至

迫使台灣最大的兩家連鎖書店「金石堂」與「誠品」不得不加快數位化的腳步，於同年也推出其專屬網路書店，但生意始終搶不過「博客來」。

就發展的歷史而言，成立於1983年的「金石堂汀州店」是台灣第一家現代化的複合型書店，它同年即發行書訊雜誌「金石文化廣場月刊」（5年後更名為「出版情報」），翌年又於台北市的傳統書店街重慶南路成立第一家分店「城中店」，從此開啓了台灣的「連鎖書店時代」。

於1989年3月始正式成立的「誠品」是連鎖書店的後起之秀，但是在經營觀念上卻後來居上，其獨特的賣場佈置和書籍陳列方式在書店同業中獨樹一幟，人文色

·誠品書店令台灣臉上有光。

彩濃厚的形象包裝更將誠品書店從賣書的生意場所提升到「文化殿堂」的層次。《誠品閱讀》這本反映了「誠品精神」的主題式閱讀雜誌在1992年創刊，其高雅的美術編輯風格、精美的紙張印刷、和感性的文藝內容，很快就在知識圈和文藝青年中建立了口碑。

然而，這份高成本的文藝雜誌前後只出了4年，共25期，就在1996年停刊了，因為「叫好」和「叫座」是兩回事，志在宣傳的《誠品閱讀》成本高而銷路低，根本是在賠錢經營。當時「誠品」

仍在「以文化建立品牌」的耕耘階段，尚無利潤可言，所以實在撐不下去時就把《誠品閱讀》收了。

1999年9月21，台灣發生了50年來最大規模的大地震，整個社會為之震撼。在災後重建期間，台灣人的人生觀和價值觀有了改變，從前一陣子的拼命追求金錢轉變成越來越重視文化。在這個領域深耕了十多年的文化品牌「誠品」，終於盼到了對他有利、並且可以讓他盡展拳腳的大環境。誠品在2000年7月重新創刊了另一份《誠品好讀》雜誌，作為招收誠品會員而專門打造的免費閱讀刊物，並不對外發售，藉以提高其會員的「文化菁英」地位。同時又加強規劃了各種展覽及藝文活動，並成立了「誠品講堂」，有系統地邀請名師主講多種藝文課程，開放給一般民眾參加。這一連串的積極作為，成功地令「誠品」超越了走大眾化書店路線的「金石堂」，成為台灣買書人甚至海內外華人的書店類領導品牌。

《誠品好讀》於此時也趁機擴充改版，發展為一本關注城市生活、創意、藝文的綜合文化雜誌，並對會員和非會員分別以49元和120元新台幣的定價發售，讓「閱讀成為一種時尚」從一句口號變成為令大眾認同的現實。在2005年，《誠品好讀》甚至跨出台灣，到香港、星馬等地發行。2007年4月二度改版後，更進入台灣7-11的3,700家通路販售，一度創下台灣綜合文化雜誌的最高發行量。

「誠品」的老板吳清友是個低調而有謀略的商人，擅長以

文化來包裝自己以及他的生意。在「誠品」如願成為值錢的「領導文化品牌」之後，其實他已開始悄悄地將「誠品」的生意重點從「書店」轉向「商場」，在不斷拓展的誠品新店中，純粹賣書的書店已經很少，大部份「誠品商場」的樓層和樓面都在販售文具、音像產品、高級工藝品、設計師品牌時裝、時尚首飾，以及各式餐飲等高利潤商品，有些掛名「誠品」的店根本就是一般的百貨商場。甚至一些舊有的誠品書店亦大幅度減少書籍和雜誌的陳列，將位置讓給利潤較高的商品。2005年「誠品」能夠轉虧為盈，甚至有錢在2006年初於台北101大樓旁開了一家有如精品百貨公司的「誠品信義旗艦店」，應該跟這種「商業精算」的轉型策略有關。要不是在陳水扁親家趙玉柱鬧出的內線交易醜聞中意外出現了「吳清友」的名字，可能很多人還不明白原來「誠品」的老板是政商關係如此密切的長袖善舞生意人呢！

2007年中，受台灣第三大書籍經銷商「凌域」爆發財務危機突然歇業影響，連鎖書店龍頭「金石堂」隨即以嚴苛條件與數十家出版社重議交易條件。到了年底，一向形象斯文的「誠品」亦以強勢作風，對經銷商與出版社片面提出三項不合理的交易要求，出版界雖然反彈，卻畏懼誠品書店佔有通路的優勢而不敢貿然翻臉。

「誠品」的第二代接班人——吳清友的女兒兼《誠品好讀》社長吳旻潔，在跟出版界談判時表現出一副「有恃無恐」的高姿態，因為她知道：現在的「誠品」已不是靠賣書賺錢，

在供需關係上，是台灣出版界有求於「誠品」，而非「誠品」
有求於出版界！

　　果然，到了2008年3月，由誠品書店推行的新交易制度塵埃
落定，台灣出版業者通路秩序聯盟旗下的數十家重量級出版社
已陸續與誠品簽約，並答應付費使用誠品開發的「誠品供應鏈
平台」。「商業的誠品」取得了完全勝利。

　　另一方面，由台灣小知堂投資創辦的《野葡萄文學誌》於
2007年1月起停刊；歷史悠久的《出版情報》月刊在同年底被金
石堂停掉了紙張版，改成不需多少成本的網路版繼續發行。在
這樣的艱困新環境下，原來只為滿足文化菁英需求和包裝企業
形像而賠錢經營的《誠品好讀》決定休刊，自然是順理成章的
事，因為它的階段性歷史任務已經完成。從2008年的520開始，
整個台灣的全民新任務是「拼經濟」！

▸ **12.** 思沙龍

　　2007年8月12日下午1時，我按往例提前半小時到達台北市金華街上的月涵堂，那是「龍應台文化基金會」舉辦「思沙龍」的主要場地。今天的活動雖然在1時30分才正式開始，但已經有人在陸續排隊報到。在入口處的院子，有兩三位看來像大學生的年輕人在招呼參加者，問大家是否已在基金會的網站上先行報名？因場地所限，每場活動原則上只安排300人參加，但慕名而來的市民總是那麼踴躍，沒報名而直接來的人不少，以至維持現場秩序的工作人員不得不連走道上都擺上小椅子安置觀眾。像前一天那一場由華新民主講的「重返家園——每個祖宅都有它的主人」介紹北京的胡同被拆情況，我看到連地板上都坐滿了人，粗估總人數應超過500人，可見此活動受歡迎的程度。

　　對於早已報過名的人，就先行跟報名處的義工核對姓名，然後領取當天的活動資料，通常是一本包含16頁A4紙的小冊子，詳列那一場的講者、主持人介紹；講題大綱；延伸閱讀的資料和文章；以及「龍應台文化基金會」的一些公關稿和新聞稿。之後，主辦單位還免費提供杯裝的礦泉水供大家自由取用，服務相當到位。

取過水，我進入大約300平方米的月涵堂會議廳，看到圍著大廳中央左側的講台擺放著的好位子已坐了100多人，約有7、8位年輕義工來回穿梭招呼陸續入場的參加者往兩

•思沙龍的主要活動場地月涵堂。

旁的小塑膠椅就座。我留意到今天靠講台的貴賓區位置多擺放了幾十張較佔空間的靠背摺椅，原來那是開放給一些年事已高的參加者就座，讓他們連續坐3、4個小時也不會感到太難受。只見一些晚到的老人家在義工引領下排眾走向貴賓區就座，他們在意外之餘連聲說謝謝。我心裡想，大概是主辦單位看到昨天有太多老人家被迫坐地板參加的驚人盛況而特意作出的「貼心改進」吧。舉辦文化活動的基本目的，無非是幫助大家做個更好的文明人，那麼除了活動的內容要有文化之外，活動的形式和過程也得夠文明才行。「思沙龍」由內到外的思考重點都是「以人為本」，讓我頗為感動。

「思沙龍」是「龍應台文化基金會」成立以來的三大系列活動之一，提倡「用自己的眼睛看世界」。活動的形式，通常是先放映一部與主題相關的紀錄片，再請該片導演現身說法，並與主持人對談，最後開放給一般參加者提問，全程通常超過3小時。在8月中旬舉行的「思沙龍」共有4場，系列主題是「你所不知道

的中國」。對台灣的民眾而言，這是一個很有意思和很及時的題目，因為「阿扁政府」正在處心積慮推動「去中國化」。為了加強此活動的吸引力，「你所不知道的中國」宣傳單上寫了這樣的一段比較煽情調的引言：

從「萬惡的共匪」到「大國崛起」；

從「駱駝祥子」的「北平」到奧運的「新北京」；

從礦難奴工到「黑貓白貓抓到老鼠才是好貓」；

從「殺朱拔毛」到「戒急用忍」；

我們對今天真實的中國──瞭解多少？

· 思沙龍活動參加群眾踴躍。

呼應這個議題，「思沙龍」排出的四場活動內容是：

第一場 重返家園──每個祖宅都有它的主人

講者：華新民（民間古城保護人士）

主持：嚴長壽（亞都麗緻旅館系統總裁）

放映紀錄片【北京胡同保衛戰】

第二場 鄉下的孩子這樣長大——我看中國基礎教育
講者：張虹（紀錄片導演）
主持：曾志朗（中央研究院院士）
放映紀錄片【農村初中】

第三場 獨立紀錄片的意義——兼談紀錄片《尋找林昭的靈魂》
講者：胡杰（紀錄片導演）
主持：龍應台（作家）
放映紀錄片【尋找林昭的靈魂】

第四場 平原上的山歌——一個被拐賣女孩的故事
講者：胡杰（紀錄片導演）
主持：簡錫堦（台灣促進和平基金會執行長）
放映紀錄片【平原上的山歌】

以我當天參加的一場「鄉下的孩子這樣長大——我看中國基礎教育」來說吧，因為主題是教育，所以來參加的教育界人士好像特別多，年輕大學生佔了多數。張虹是從香港來的女導演，社會學和電影專業出身。她在2002年探討香港中學教育的紀錄片【中學】曾在當地戲院公映，並且引起轟動。【農村初中】是她在2006年用了3個星期在雲南省昭通市山區一所普通的中學拍攝而成，影片採用「直接電影」手法，如實紀錄學生上課實貌，不設

旁述和訪問，也沒有用配樂，每個觀眾可以自己解讀他看到的映像，思考空間很大。這一場的主持人特別邀來曾志朗擔任，他在2000至2002年間曾任台灣的教育部長，風評不錯。張虹講述她在大陸拍攝本片的來龍去脈，以及她觀察到的山區和大都市教育落差現像（她在完成【農村初中】之後又去了上海拍攝另一家設備很好的小學的紀錄片），態度誠懇坦率，讓人了解到在「希望小學」這個熱門話題之後的當前大陸基礎教育狀況。在座談提問的時間，有親自赴內地培訓大陸師資多年的台灣優秀教師講述自己的實際經驗和心得，也有剛到台灣原住民部落當中學教師的年輕人反省台灣本身的城鄉教育資源落差問題，交流得十分熱絡，一直到下午5時多才依依不捨散會。散會時，只見參加者自動將自己坐的塑膠椅堆疊在一起，舉手之勞就幫輕了工作人員的整理負擔，不愧是文明人的表現。

「龍應台文化基金會」於2005年7月由一群一向主張社會參與的文化人和企業家（成員除龍應台外包括評論家南方朔、作家楊澤、出版家王榮文、語言學家曾志朗、法律學者劉宗德、大學校長劉炯朗和劉維琪、亞都飯店總裁嚴長壽等）共同推動成立，當時就以「透過思想論壇來培養年輕人的全球視野，提升他的深思論辯能力，促使他關心全球議題，累積國際知識，亦即培養有寬闊全球視野、具世界公民氣質的二十一世紀『新青年』。」作為核心目標。為了有效的推廣和發揚這個理念，基金會不但主動開發企業界的大額捐款，也接受一般民眾的樂

捐。每一筆捐款，大至過百萬，小至100元，都會在他們的官網（http://www.civictaipei.org）逐一公佈，財務完全透明。此外，他們也號召大量年輕人加入志工行列並進行培訓，稱之為尋找「文化蒲公英」。如今，其量高質精的各種文化活動，就是依賴基金會4位職員和50名志工大軍支撐起來的。

除了「你所不知道的……」思沙龍系列外，這兩年基金會還舉辦多個大型的「國際論壇」，以及全英語進行的「The Taipei Salon」，讓台灣的「新青年」透過此一平台直接接觸國際的思潮和人物，直接聆聽不同語言的演講並以外語提問和辯論，讓他們成為一代有眼光、有思想、有關懷的世界公民。每次活動除了有幾百人直接參加外，前前後後又透過不少協辦媒體（如：中國時報、亞洲週刊、天下雜誌、中華電信等）作廣泛報導，有時還作全場錄像於網站免費播出，發揮出相當大的文化影響力。當台灣日漸被國際社會邊緣化的此時此刻，這種結合文化人、媒體和民眾的思想自覺行動無疑是十分值得稱道的。不知在神州大地上何時才會出現類似的文化活動呢？

▌ 13. 中正紀念堂

　　2007年被阿扁政府以粗暴手法強迫更名為「台灣民主紀念館」的「中正紀念堂」，終於在2008年8月21日被新上台的馬政府將它回復正身。行政院會通過了教育部的提案，釜底抽薪廢止了「台灣民主紀念館」的法源依據，並恢復「中正紀念堂」的法源名稱。可惜這批新官僚做事沒有魄力，不敢打鐵趁熱一次過解決這個歷史鬧劇，留下了一條徒然會再起爭議的尾巴——關於要不要把「自由廣場」的牌匾再拆下，掛上原來的「大中至正」匾額，得由教育部舉行公民論壇廣徵各界的意見再決定。台灣新政府上台後之所以不能「馬上好」，很大的一個原因是他們企圖凡事都「藍綠通吃」卻反而引致「藍綠都不領情」的不敢負責任心態所造成。

　　其實，對於位在台北市區精華地段的這一大幢公共建築和周邊的大塊廣場綠地，早已沒有幾個人把它看作「政治性的建築」，到過「中正紀念堂」而沒有看過任何紀念蔣中正的文物的台灣民眾大不乏人。對來台旅遊的外國觀光客甚至是台灣中南部居民北上旅遊的人而言，此地是必遊的名勝景點，不在「大中至正」的正門前拍照留念，幾乎無法證明你曾經到過台北；而對住在大台北地區的民眾而言，此地是假日休閒或活動聚會的落腳

點，或是一年一度參加台灣燈會的主場地；對於住在附近地區的鄰里而言，此地更只是他們早晨來打太極練嗓子、傍晚來散散步看看魚的大公園；對於那些即將完成人生大事的年輕人而言，此地是婚紗攝影的最佳取景點，所以中正紀念堂旁邊的中山南路上開設的婚紗禮服店特多；對於喜歡參加藝文表演活動的人而言，此地甚至只是他們前往國家戲劇院與音樂廳的路過之途而已。只有對那些真正熱衷政治活動的人，才會重視中正紀念堂的「政治意涵」，把此地定為示威遊行和絕食抗議的聖地。

位於台北市東門外，介於杭州南路以西、中山南路以東、愛國東路以北、信義路以南，佔地達75,000坪的範圍，就是中正紀念堂所在的位置。它的舊址是日據時代的砲兵隊所在，與總統府的方向遙遙相對。

1975年4月5日蔣介石老總統逝世，海內外各界為了表達對他的敬意與懷念，6月即決議在台北興建中正紀念堂，7月擇定現址進行整體規劃，8月公開徵求海內外建築師提供建築設計構想，陸續收到43件之多。最後決定採用楊卓成建築師之設計，於1976年10月31日蔣公九秩誕辰紀念日舉行破土典禮並動工興建，至1980年4月5日正式對外開放。至於二期工程興建之國立中正文化中心所附屬的國家戲劇院、音樂廳及地下停車場，則直至1987年才完工。

中正紀念堂主體建築採中華文化風格，外表以藍、白兩色為主，象徵「青天白日」。紀念堂建於三層寬廣基礎之上，平

面用方形，以寓「中正」之意。堂頂八角，造成多數之「人」字形，聚於寶頂，上與天接，以寓「天人合一」之思想。屋頂用天壇寶藍琉璃瓦頂，藍中帶紫，與陽光相映。寶頂用金黃色，以顯其昇華光耀之意。

紀念堂前方有25公頃的廣大庭園，兩側另有戲劇院及音樂廳各一，戲劇院之屋頂為「廡殿」、音樂廳之屋頂為「歇

• 中正紀念堂的主體建築。

山」，與紀念堂之「八角頂」，成為「三山並立」之佈局，而以高達70公尺的紀念堂為主體，顯然在風水上有一番考量。

紀念堂之正門有「大中至正」牌樓，面臨中山南路，高30公尺，寬80公尺，距紀念堂中心線達470公尺。南北兩側各有一個側門，北側面臨信義路為「大忠門」，南側面臨愛國東路為「大孝門」。園內南北兩側則有雲漢池及光華池，配以人造假山、瀑布及半圓形拱橋，池內飼養紋彩斑爛的錦鯉；池邊綠茵如氈，3處盆景區栽種各式花卉總數超出五十萬株。加上頗富古意的迴廊與角亭圍繞在園區四周，外側臨人行道之牆面上，每隔4.5公尺分崁中國式燈籠窗一個，共有18種不同之花格與形

狀，共246個，頗具特色。在不少以台北市為背景的現代電影中，都可以看到這面牆的獨特身影。這樣一座古色古香的中國傳統建築群置身於周邊的西式高樓中顯得十分別緻而耐看，難怪會成為具代表性的觀光名勝。

• 中正紀念堂左側的音樂廳。

有些走馬看花的觀光客因為時間有限，可能只在露天的園區走走看看，懶得進紀念堂主體和文物展視室參觀，那雖然損失不大，但總是沒有「看戲看全套」。例如在紀念堂正館上層面對大門的蔣介石座姿銅像就相當雄偉，像高6.3公尺，重約21.25公噸，三軍儀隊每隔一小時上演一次交接儀式，頗具看頭。6間文物展視室陳列了一些蔣氏的衣冠、文獻及照片等，也頗有歷史意義。

除了上述的有形建築之外，中正紀念堂很大一部份的價值還在於它的無形資產，那已經成為台灣民眾共同記憶的一部份。很多的大型藝文活動，都在可容納10萬人的露天廣場中免費演出，例如台灣最著名的歌仔戲劇團明華園就在戶外公演《白蛇傳》和《蓬萊大仙》招待鄉親；著名的雲門舞集亦在此作戶外公演；連三大男高音帕華洛帝的台北演唱會亦在此廣場上作戶外連線轉播以饗向隅觀眾，這些都是有助於提升台灣人文化素質的具體貢獻。

■ 14. 圓山大飯店

由於60年來第一次的歷史盛會——「兩岸談判江陳會」於2008年11月3日至7日首次在台灣登場，並且選定了台北的圓山大飯店作為會談舉行地點和中國談判代表團的下榻處，加上伴隨而來的一連串示威抗議新聞，使得這個在台灣近代發展史上具有獨特地位的國際大飯店再次躍登上歷史大舞台，成為全球矚目的報導焦點。

這一次大陸海協會雖然只包下9樓一個樓層，但採訪江陳會的大批媒體也搶在圓山訂房，讓原本訂房率就很不錯的圓山於此期間客房全滿，連沒有景觀的內側客房也租不到。近年來受到虧損之苦的圓山大飯店，最近才由台灣觀光協會會長張學勞接下董事長，就接到了這個具有指標意義的大訂單，或許是讓圓山再現風華的一個契機。

座落在台北市劍潭山西南方丘陵上的圓山大飯店，一向是台北的代表性地標之一，凡是在台北松山機場降落的客機，旅客在飛機下降時都會被這一幢樓高14層的豪華宮殿式建築物吸引住目光。同時，圓山大飯店鄰近台北市立美術館、兒童育樂中心、士林官邸、台北故事館、台北市立天文科學教育館、台北當代藝術館、士林夜市、雙溪公園、北投文物館、劍潭公園

等多個觀光景點，對遊客而言也深具地利之便。

跟台北的其他五星級飯店相較，圓山無容置疑具有一種地理上的「王者氣派」，這種古色古香的情調和雄偉壯麗的氣勢，使它早在1960年代就

・圓山大飯店被評選為「世界十大飯店」之一。

已被評選為「世界十大飯店」之一，只是近年來因為多種天災人禍的原因，使它呈現出一種「帝王蒙難」兼「美人遲暮」的頹勢。

圓山大飯店的原址，在日本殖民時代曾是台灣神社。國民政府遷台後，蔣介石苦於沒有像樣的旅館可接待外賓，因此起意興建一座國際級大飯店的構想。此事在1952年交由蔣夫人宋美齡籌劃，她先將台灣旅行社經營的台灣大飯店改組，成立圓山俱樂部，當時只有一棟兩層樓的建築，房舍陳舊，設備也簡陋，後來才進一步改組為圓山大飯店。宋美齡找來曾為「士林官邸」做過改建工程的建築師楊卓成，讓他擔任圓山第一棟中國宮殿式房舍金龍廳的設計工作。楊建築師決定將建築風格仿北平故宮的古典氣派造型，施工單位又將原來日本神社前的銅龍雕塑鍍上24K金後安置在金龍廳，以求此廳名副其實。金龍廳

於1956年落成後，開始擔負接待外賓及提供官式宴會的外燴服務工作，繼金龍廳之後，翠鳳廳、麒麟廳也先後落成，飯店的中國式建築採用了相當多的龍形雕刻，也有人稱圓山大飯店為「龍宮」，此外也採用石獅、梅花等中國建築常用的圖案。各廳的裝潢豪華典雅，七彩畫樑與丹珠圓柱顯得金碧輝煌，遍懸各廳的畫飾與浮雕均出自名家手筆。大廳與房間內部採用明式紅木傢俱，更增中國古典味道。

· 大廳的裝潢深具中國古典味道。

1960年代是圓山大飯店的起飛期，國際名氣漸響。1965年創辦「空航餐點供應站」，成為台灣「空中廚房」的始祖，1968年首次被美國財星雜誌評選為世界十大飯店之一。由於圓山大飯店的「御用」地位特殊，一向是台灣政府用以接待外國元首級貴賓的首選，第一位接待的代表性人物是日後流亡海外的伊朗國王巴勒維。包括前美國總統艾森豪、尼克森及雷根等都曾是圓山的貴賓，艾森豪來台訪問時，甚至把整個圓山房間全包了下來。前新加坡總理李光耀可以說是圓山的頭號常客，估計最少住過圓山20多次。

關於圓山，多年來有許多的傳說，其中最多的是與「政

治」有關的傳說。如今被圓山大飯店視為吸引大陸觀光客秘密武器的「蔣公秘道」，據說是在飯店正館改建時闢建，位於飯店地下一樓東西兩側，是地下的石造通道，設有滑梯道，通往圓山大飯店外面的劍潭公園與北安公園，全長約180公尺，用以在「必要時」給政要作為逃脫之用。幸好命運之神眷顧，「正主們」一次都用不上，日後倒成為將對外開放的「觀光設施」了。

由於圓山大飯店具「政治圖騰」作用，台灣各界的政治人物每遇重大集會，總是喜歡挑在這裡舉行，例如台灣搞反對運動的民進黨成立大會，就是在1986年9月28日於圓山大飯店舉行，132位與會人士簽名發起建黨，「民主進步黨」乃正式成立。在蔣經國過世後，台灣的民間社團掀起了為張學良、孫立人的冤獄進行平反行動，1990年6月1日在圓山十二樓崑崙廳舉辦了張學良九十壽宴，近千名黨政軍大老群集，這也是1936年以後「張少帥」被國民黨軟禁之後的首次公開露面，卻已是半個世紀以後的事了！

在蔣氏父子都已不在之後，圓山步入轉型期，企圖擺脫特權色彩，憑本身的實力跟其他已邁入國際化的五星級大飯店競爭。1995年5月，正在進行裝修工程的圓山飯店因施工不慎發生大火，將珍貴巍峨的宮殿式木製房頂與總統套房、文物等燒得一乾二淨，時任台北市長的陳水扁竟一度以不符合建築法令中有關公共安全的理由，不准圓山復舊，藉此凸顯他跟蔣家對抗的政治形象。直到1998年，馬英九選上台北市長，圓山大飯店

才復建竣工重新開幕。然而在同一年,圓山因配合政府政策,結束各機場餐廳和空廚營運,在失去這項重要營收後,圓山逐漸轉盈為虧,並且連續虧損了4年,僅2003年就虧了3億元。在阿扁安排「誤闖政治叢林的小白兔」宗才怡出任圓山大飯店董事長後,她更在圓山仍是虧損經營的情況下,四處發送每張價值新台幣4、50萬元的圓山聯誼會貴賓卡給民進黨的高官和高層黨工當作公關品,根本把「國產」當成「私產」在揮霍。

目前,圓山大飯店是由交通部轄管的財團法人台灣敦睦聯誼會在經營,但在2008年初,扁政府眼看下台在即,竟一度計畫拿出9億元新台幣轉投資設立圓山大飯店公司,將它澈底私有化,首任董事長則打算由當時的敦睦聯誼會董事長的宗才怡擔任。這一齣「綠營」主導的「五鬼搬運」戲碼,幸好遭到及時揭發才不致令圓山蒙難,否則轟轟烈烈的「江陳會」也不能在圓山大飯店登場了!

附帶一提,在台灣南部的高雄澄清湖畔也有一座建築風格相同的圓山大飯店,於1957年在高雄愛河畔成立,1971年遷至澄清湖現址,是高雄縣的第一間五星級飯店。但是在2008年12月台灣遭遇嚴重的金融風暴時,飯店的180名員工竟被集體辭退,逼得他們鬧出集體上街示威抗議的新聞。一葉知秋,可見旅遊業真的碰到了寒冬!

∎ 15. 台北101

　　有「上海101」之稱的上海環球金融中心，即將落成對外公開，這座中國第一高樓會不會取代台北101成為世界第一高樓呢？

　　若純粹就物理資料顯示，上海環球金融中心不含天線的高度只有492米，還是比台北101大樓略低16米，但是加上天線就可能比台北101高，不過天線並不算建築物本體，因而最可能先超越台北101高度的，應該是在2009年先蓋好的杜拜世界高樓。然而，若就經濟效益和心理因素來比較，則位位在上海市的上海環球金融中心顯然已超越了位在台北市的台北101，因位上海市正在欣欣向榮地高速發展，而台北市卻在一步一步的走下坡。屬於台北101的黃金盛世是何其短暫啊！

　　位於台北市信義區黃金地段的信義商圈，緊鄰台北市政府、台北國際會議中心、台北世界貿易中心等重要地標的台北101大樓，是台灣政府在推動貫穿台灣南北交通的高鐵案之後，第二個採BOT方式獎勵民間投資的大型開發案，它由台灣十二家銀行及產業界共同出資興建，業主是台北金融大樓股份有限公司。整幢大樓造價580億元新台幣，由著名建築師李祖原負責設計及監造。以龍的造型和一棟200坪的房子要價7,000萬人民幣

而打響知名度的北京豪宅「盤古大觀」，同樣是由這位李祖原建築師負責設計及監造的。

樓高508米，地上101層，地下5層的台北101大樓開始規劃之時，是在台灣的經濟表現仍相當不錯的1997年，當時亞洲很多國家都被金融風暴打得灰頭土臉，台灣卻是亞洲四小龍之中唯一倖免於難的地方，因此官民都信心滿滿，要在位於地震帶上的台灣土地上建一幢世界第一的摩天大樓，向全世界彰顯我們「人定勝天」的經濟和科技實力。

• 台灣企圖藉台北101彰顯「人定勝天」的實力。

台北101大樓於1998年1月動工興建，至2003年才建成開幕營運。在長達5年之久的建築施工期間，它初期先碰上了1999年的921大地震，幸運地未釀災情；但到了後期的2002年3月31日，又碰上了另一個7.5級大地震，造成興建至56樓的建築吊車墮落，一共有5名人員傷亡，真的應了「是福不是禍、是禍躲不過」的俚語。

不管當年執政的國民黨政府願不願意承認，台北101這個工程就是他們的一個「面子工程」，因此整個規劃充滿了好大喜功的樂觀期望。台北101，原名台北國際金融中心（Taipei Financial Center），其英文名稱TAIPEI 101除代表台

北外，還有「Technology、Art、Innovation、People、Environment、Identity」（科技、藝術、創新、人性、環保、認同）的含義。101的數字，除代表高度101層樓，也代表了超越滿分，再上層樓的吉祥意涵。0與1的數字，也表現了大樓的高科技視野。大樓外

• 台北101大樓外牆的竹節造型。

形呈竹節型的台北101，每8層作為一單位，取其8為「發」的好兆頭，傳達「成長盛開」的概念，像是向上長高的竹子或盛開的花朵，步步高昇。加上26樓外的古代銅幣，每8層樓的如意造型，讓這棟看似時髦又摻雜中國風的建築物顯得別有新意。

不幸的是，當這幢大樓落成啟用之時，國民黨政府卻已被輪替，換成由阿扁政府執政，加上全球的經濟大環境對台灣的發展十分不利，因此台北101原先想做的「國際金融中心」，打從開幕那一天就沒辦法做到。這幾年的經濟不景氣，使台北101的出租率一直不太理想，大樓落成後至今已虧損近120億元新台幣。在漂亮的101董座陳敏薰不斷衝刺下，去年台北101的出租率才逾七成，但2008年8月下旬卻又傳出台北101因為打算提高兩成租金，以致承租多年的位在2樓的SOGO精品百貨以及位在5樓的中國信託分行都確定要退租，租約一到就不再續約。雖然陳敏薰樂觀地向新

聞界表示，大樓2樓的部份將規劃成為珠寶、鐘錶區，鎖定高階消費的行家；5樓部分由於該位置剛好是通往觀景台的必經之地，位置相當優勢，已有國際精品業者相中，不愁租不出去。不過此事有如一葉知秋，反映了台北101的商業價值其實未如理想。

當然，對觀光客而言，頂著世界第一高樓光環的台北101還是非看不可的，花個350元新台幣的門票，乘坐列入吉尼斯世界紀錄最快速的電梯（上行最高速率可達每分鐘1,010米，相當於時速60公里）到89樓的室內觀景台，居高臨下地看看整個台北市的面貌，應該是旅行團的必備行程吧？

而對居於斯的台北市民來說，這個台北市的新地標在這幾年做得最成功的還是它的形像活動，尤其是自2004年開始的跨年煙火秀，十分的燦爛奪目，已成為前往市政府廣場參加完跨年晚會的民眾緊接著最期待的節目。在2005年的跨年煙火秀上，索尼公司全額贊助2,000萬元新台幣，為他們新推出的電視機品牌BRAVIA大打廣告，引起了相當大的轟動，算是將台北101大樓的廣告價值作了一次世界級的示範，從此使101每個晚上的外牆燈光秀也增加了幾許廣告色彩。此外，世界聞名的法國蜘蛛人阿朗侯貝於2005年1月25日徒手攀登上台北101大樓，刷新了他自己在1997年攀爬452公尺高的吉隆坡雙子星大樓的紀錄，則是使台北101再次揚名天下的有趣花邊。不知他日阿朗侯貝也有興趣挑戰上海環球金融中心否？

16. 台北捷運

捷運，也就是內地和香港人口中的地鐵，如今已經是台北人離不開的交通工具。台北捷運目前共有6條路線和3條支線在營運，加上每個捷運站都有接駁巴士路線，只要出門時隨身攜帶一張「悠遊卡」（相當於香港的「八達通」），就算忘了帶錢也可以在市內通行無阻。回頭一看，如此方便的台北捷運也只不過有12年的通車歷史。而在2008年3月以後，台灣的第二大城市高雄也開通了捷運，但前半年高雄捷運的營運狀況卻不太理想，乘客數量有限，民眾搭乘的方便性也跟台北捷運差很多，它面臨的財務黑洞顯而易見。盡管如此，台灣第三大城的台中市也在吵著要興建捷運，地方上強烈要求馬英九兌現其競選支票的承諾，而且施工方式決定採台北捷運模式，預計2015年完工通車。看來，台灣人似乎真的對捷運之為物充滿了迷思，尤其是政治上的迷思！

在人口密集的都會區發展大眾運輸系統，的確有事實上的需要，但卻不一定要蓋捷運，建造費用較低的輕軌火車、電車或將現有的鐵路捷運化，都可以發揮同樣的功能，甚至加強公車和客運系統也能達到大眾運輸功效，歐洲各國就是最好的例證。根據各國經驗，一個地方的捷運系統至少須有30%的大眾運

輸旅次，才足以支撐其營運所需，而目前台中市都會區的大眾運輸旅次還不到10%，距離支撐捷運營運還有很大差距，實在不急於趕時髦，滿足「別人有、我們也要有」的爭面子心態。

回顧台灣第一個都會區捷運系統的台北捷運（全稱為「台北都會區大眾捷運系統」），其實早在40年前已開始規劃，跟香港方面的地鐵

· 台北捷運的路網共有6條路線。

（MTR）同時在1967年由政府做出在都會區興建大眾捷運系統的可行性研究，但因所需經費龐大，當時台灣的經濟也尚未起飛，故並不十分迫切將計劃付諸實行。但港英政府財源充足，又有「67暴動」之後的照顧民生政策需求，因此劍及履及，持續推動地鐵的建設計劃，在5年後的1972年已正式成立集體運輸臨時管理局，先行興建早期系統。經過近4年的建築工程，第一條地鐵的北段——觀塘~石硤尾於1979年9月30日完工，並於10月1日正式通車。而這個時候，台北的捷運規劃還在紙上談兵，一直遲至1987年，「台北市政府捷運工程局」才成立，準備進行捷運興建工作，由此可反映台灣政府的施政效率實在不高。

根據規劃，台北捷運的路網共有6條路線，縱橫交錯覆蓋了

整個台北市和連接台北縣的「大台北區」。其中5條路線都是類似地鐵的高運量捷運系統，只有最先營運的木柵線（現已延伸至內湖而改稱「文湖線」）採中運量捷運系統，類似當時新加坡正使用的系統，全線都是在地面上的高架橋走，而且每班列車只有短短的4節車廂，很多人初次看到它行駛時不禁會產生一種「大型玩具」的感覺。

1988年12月，台北捷運的初期路網除了後來追加的內湖線外，以六條路線「六線齊發」的姿態同時動工，彷彿大部份的主要道路都被掘得千瘡百孔，台北市大概有10年之久陷入了「交通黑暗期」，市民一出門就有痛不欲生之感，「塞車」成了每天上演的例牌節目。那時候四車道的街變成了兩車道，大小車輛被迫在大鐵板鋪蓋成的臨時路面上爭道而行；馬路邊則被捷運工地的圍籬把道路圍了一大塊，連行人要過馬路都得繞大圈，時常跟呼嘯而過的汽機車產生間不容髮的危險鏡頭。

• 台北人現在出門已經離不開捷運。

　　另一方面，台北捷運興建期間傳出許多負面消息，其中木柵線是最飽受爭議的路線。除了土建工程出現明顯瑕疵外，試車時更是問題不斷，1993年試車時還發生了兩次的「火燒車事件」。此外，捷運局內部也是弊端不斷，經費不斷透支，估計完工時總共投入4,400多億元新台幣，是原先預算的兩倍，成為當時新聞界批判的焦點，也把台北市民原先對捷運的高度期待幾乎都燒光了，甚至還有人喊出乾脆將還沒通車的木柵線拆掉。

　　好不容易，不斷延後通車日期的木柵線終於在1996年3月28日正式通車，成為台北捷運首條通車路線。後來台北捷運公司為紀念此事，將3月28日定為台北捷運的週年紀念日。當時的台北市長是陳水扁，他曾經在1994年競選市長時激情地主張拆除木柵線，但上任後卻演出「變臉」的戲碼，反過來把台北捷運當作他的政績，不但風風光光主持了木柵線的通車典禮，並以「一年通一條」形容當時各捷運路線陸續開通的盛況，列為他競選市長連任的主要訴求，政客嘴臉就是那麼回事！

　　當第3條捷運路線南港線於1999年12月通車，與其他已經通車的兩條路線共同構成狀似「廿」字的雙十路網後，台北捷運的便捷性終於顯現，台北車站與忠孝復興站也因此成為目前最重要的兩個轉乘點，大量人流帶動了商機，無論是地下街或地上的店舖都升值不少。然而，正當台北捷運的營運欣欣向榮之際，2001年9月17日的納莉颱風帶來大量豪雨，竟使多個捷運車站和沿線隧道發生有史以來第一次的淹水事件，整個捷運系

統被迫停擺。之後除了木柵線於隔日即完全恢復營運外，其他高運量路線受損嚴重，歷經3個月後才全部恢復正常營運。為了預防「捷運河」再次出現，捷運公司作了不少防洪設施改善工程，終於至今未再遭劫。

到了2005年，國際組織COMET（Community of Metro）英國倫敦大學帝國學院土木系軌道科技策略中心給台北捷運公司發函認證，肯定台北捷運的可靠度，無論是在COMET或NOVA兩個捷運國際組織都位居榜首，勝過排名第二的香港九廣鐵路和第三的日本東京地鐵，以及23個大城市。台北捷運十年大翻身，從醜小鴨變天鵝，真是來之不易。

除了硬實力上的優異表現外，台北捷運在軟實力方面的表現也頗有可稱道之處，例如它在每個車站都設有洗手間，而且每個洗手間的清潔維護都維持在優等水準，這就十分的體貼旅客需要。家母每次從香港到台北來看我，都對台北捷運的洗手間讚不絕口，因為香港的地鐵站根本沒有為旅客提供這個設備。此外，各車站的設計和佈置也頗具優雅的人文氣息，加上捷運公司不時提供多種語文版本的捷運地圖和資訊小冊任人取閱，都是「台北市有人味」的具體呈現。至於台北捷運的乘客素質也廣受好評，每日平均高達120萬人次的乘客進進出出多而不亂，排隊上車已成基本文化，而大家在乘手扶電梯時普遍遵守「靠右站立、空出左邊讓人通行」的共識，更是令很多大陸遊客覺得不可思議，還有人為此主動投稿稱讚呢！

▪ **17.** 台北故宮

　　要證明海峽兩岸血脈相連，難以分割，在現實生活中可以找到很多具體的實例，譬如說「故宮博物院」。在台北市有一座國際著名的故宮博物院，在北京市的紫禁城也有一座同名的博物院，而且兩院所收藏的中華文物，根本是系出同源的一批東西，只不過在幾十年前因為戰亂才被迫分散兩地而已，有朝一日自會「分久必合」。

　　被推崇為世界四大博物館之一的台北故宮，早已是國際觀光客來台必到的參訪景點，大陸同胞當然更不會錯過到士林的外雙溪看看這一座宏偉的中國宮殿式建築，以及在它裡面陳列展出由共同的老祖宗留下來的珍貴文化遺產。如不在館前拍照留念，幾乎等於是沒有到過台灣一樣。2008年，由台灣的觀光局和《遠見》雜誌合作進行為期兩個半月的「第一屆友善旅遊縣市」的評選活動，花蓮縣及台北市兩地分居「自然環境」以及「人文歷史」組別之冠，而台北故宮被選為「最友善旅遊地」的第一名，堪稱實至名歸。

　　由於中華文化幾千年的寶貝都存在故宮博物院，台灣政府對這個國寶自然是格外珍重，把「國立故宮博物院」列為行政院直轄之一級政府單位，其院長享受部長級待遇。根據其《組

織條例》明訂：國立故宮博物院以「整理、保管、展出原國立北平故宮博物院及國立中央博物院籌備處所藏之歷代古文物及藝術品，並加強對古代中國文物藝術品之徵集、研究、闡揚，以擴大社教功能」為設置宗旨。

最初位於中國北京市故宮內的博物館，於1925年10月10日在原明清皇宮紫禁城的基礎上建立故宮博物院，位於北京中軸線的中心，建築面積約15萬平方米，藏品主要是以明、清兩代皇宮及其收藏為基礎。

1931年，日軍侵佔東北後，國民政府通知故宮博物院將最有價值的收藏品速行南運。1933年，故宮南遷文物共13,491箱，先運抵南京，再以南線、中線和北線分別運往西南大後方的四川和貴州。約2,900箱文物因來不及運送，滯留在南京。國共內戰後期，再次搶運這批故宮國寶至台灣，本來計畫共運送5次，實際只運了3次，共共2,972箱，總計608,985件冊，占南遷文物箱件數的22%。此外還有中央博物院的852箱書畫、瓷器、玉器；加上國立北平圖書館的善本圖書和外交部條約檔案等共5,422箱，以及戰時存放在重慶中央大學柏溪分校的68箱出土文物。這些國寶運抵台灣加以清點後，於1950年4月全數遷入台中霧峰鄉的倉庫存放。其中有不少精品中的精品，諸如《清院本清明上河圖》、王羲之《快雪時晴帖》、郭熙《早春圖》、范寬《谿山行旅圖》、蘇軾《寒食帖》、以及毛公鼎、翠玉白菜、肉形石、宋代五大名窯瓷器、明代官窯瓷器與清代康、

雍、乾三朝琺瑯彩瓷器等等，都是屬於人類文化史上的瑰寶，因此為日後成立的台北故宮提供了源源不絕的珍貴展藏品，據說幾十年來只不過展出了館藏的幾十份之一而已。

現址位於台北市士林區至善路二段外雙溪的國立故宮博物院，是於1965年10月25日興建完工，並在同年11月12日正式開幕的，定名為「中山博物院」，俗稱「台北故宮」。其外觀為中國宮殿式的建築，一、二、三層為展覽陳列空間，四樓為休憩茶座「三希堂」。在故宮背靠的山上還有一個「深不可測」的文物山洞，裡面到底存放著多少寶貝？外人根本無從得知。

台北故宮開幕後分別經過1967年及1970年兩次改建，達到陳列室面積8,777.41平方米的規模。至2002年第三度改建，正館展覽空間多出836.5平方米，達到9,613.91平方米。此時台灣已經「政黨輪替」，院長是深綠的杜正勝，他不甘心故宮博物院只是展藏「中國文物」，遂以「去政治化，回歸藝術文化本質」為名將故宮重新定位，宣揚「本土、中華與世界兼具的多元文化觀，注重美的普世性，本乎人性，成就人文，不以國家民族之榮耀為限。」在此新政策指引下，台北故宮的館藏方向擴大至東南亞、南太平洋文物，以呼應台灣原住民與南太平洋文化的傳承關係。

在杜正勝被阿扁找去當教育部長之後，新接任的故宮院長石守謙提出了「Old is New」概念，以行銷方式推廣典藏，將故宮的形像時尚化，並將參觀對象推廣到台灣的年輕一代，使他

們也樂於跑博物館看古董。具體的大動作，包括將典藏文物數位化，配合當時剛開始流行的網路科技，吸引年輕人觀賞那些本來以為離他們很遠的古代文物。同時又借助影視媒體和偶像明星的吸引力，邀請音樂才子林強主演了一系列故宮形象廣告片和推廣短片，令人感到耳目一新。在2005年慶祝故宮博物院80歲生日時，更大手筆地投資拍攝了3部電影：鄭文堂執導的故事長片《經過》、王小棣執導的紀錄片《歷史典藏的新生命》和侯孝賢執導的《盛世裡的工匠記憶》，企圖藉此更進一步拉近一般民眾與故宮的距離。

· 台北故宮每日遊客如鯽。

　　《經過》由戴立忍和桂綸鎂主演，曾經在台灣的院線公開上映。故宮提供了場地以供拍攝，也提供了蘇東坡的「寒食帖」作為主要道具，甚至開啟了最重要的文物山洞讓影片能進入這個神秘殿堂去取景，可見對此片有多麼重視。本片的劇情採三線交錯的方式進行，描述一名當年曾護送國寶來台的故宮老人、一位故宮女研究員、一個新秀作家、以及為了觀賞「寒食帖」而專程來到故宮的日本青年之間，圍繞著蘇軾這幅著名的書法而展開的故事，可算是帶有一點人文趣味的主旋律作品。

　　對於遊客而言，故宮除了展品極為豐富和珍貴以外，相對

便宜的票價（普通票新台幣160元；10人以上團體票120元）和免費提供中、英、法、德、日、西、韓等7國語言專業導覽服務，都是相當友善之舉。此外，園區內其他的旅遊景點亦不容錯過，如位於故宮左側的「至善園」，以中國傳統園林的概念為主要設計方向，小橋流水、靈沼曲徑是相當優雅的園區；位於故宮右側的「至德園」，則是一座開放性園區，入口處是一個別緻的古典圓拱門，裡面的園林景觀令人身心愉快；「張大千紀念館」是國畫大師張大千先生故居，原稱摩耶精舍，整體建築為大師親自設計，以保留先生的生活起居環境為主，並且展示照片及各種奇石盆栽等，都頗有可觀之處。假如光是用逛的和看的還不過癮，那麼故宮近年來精心開發的周邊商品琳琅滿目，甚富高雅的設計感，必能讓你滿載而歸！

18. 台北人的文化力

　　表面上看，放在全球的大都市排行榜來作評比，台北市實在是一個不怎麼樣的城市。她的城市規劃和建築風格都有點雜亂無章，從飛機上看下去甚至還有點醜陋。就算單在華人社會中的大都會作評比，論硬體設施和國際化的程度，台北遠不如鄰近的香港，甚至日進千里的上海；就傳統文化的深厚和豐富性而言，她也遠不如北京的大氣。

　　然而，當你有機會在台北停留幾天，或者住上一段日子，親自接觸一下台北的人，體驗一下那裡的風土民情，品嚐一下遍佈街頭的各省或全球美

• 台北的文化生活相當豐富。

食，或是到巷弄中的茶藝館與咖啡屋悠然自得地消磨一個下午，你就會自然地感受到一種融合了傳統和現代、東方與西方、本土與國際的特殊風味，那是一種屬於台北人的日常生活文化，很難在其他華人城市中找到。換句話說，台北市是一個真正多元化的城市，值得誇耀的不是她看得見的硬實力，而是看不見的軟實力，尤其是台北人的文化力。

　　說起台北人的文化力，誰都會提到有如「台北文化地標」的誠品書店。政治大學商學院院長吳思華有一次陪同日本學者大前研一深夜十二點在台北街頭閒逛，大前研一發現通宵營業的誠品敦南店中滿滿都是看書的人，讓他大為吃驚。大前研一對吳思華說：「原來文化就是台灣的希望。」這句話一直讓吳思華引以為傲。此外，會用中文寫作的日本女作家新井一二三曾在其作品中表示過，她曾考慮移民到台北長住，因為台北有誠品這樣的書店，而東京卻沒有。這兩個例子都印證了台北市的文化吸引力非比尋常。何以故？

　　其實誠品書店並非從一開始就那麼風光的，在吳清友於1989年3月12日正式成立誠品的同一年，台灣的股市首次突破了1萬點，島上的居民紛紛爭逐於金錢遊戲之中，瘋狂程度絲毫不輸前一陣子的上海人。那時候，人人向錢看，誰管得了文化？誠品就這樣賠錢經營了十多年，卻仍始終堅持以人文、藝術、創意、生活為理念，把誠品書店定位為不只是一個「購書地點」，而是能讓人感受到文化的地方。所以他們在數年後又規劃了各種展演及藝文活動，並成立了「誠品講堂」，長期而系統地舉辦多種藝文課程，盡力讓台北人變得更重視文化。大概在921大地震發生之後，很多台灣人的人生觀和價值觀改變了，金錢不再是唯一或首要的追求目標了，文化生活越來越受到重視。就是在這種微妙的心理轉變下，盡管台灣的經濟大環境在「政黨輪替」之後這幾年大不如前，但誠品這個文化品牌卻越

來越閃亮,前兩年還開始轉虧為盈,甚至在2007年初於101大樓旁開了一家有如精品百貨公司的誠品旗艦店。

• 台北市是一個真正多元化的城市。

流風所及,台北的公私立圖書館和多家藝文團體或文化基金會,也紛紛成立類似的文化教室,如洪建全教育文化基金會的「敏隆講堂」等,以免費或收費的方式推出各種系列講座。台北人願意掏出超過一張電影票(280元新台幣)的代價去聽一場文化演講者,如今已比比皆是,視同平常。2007年初還有企業家投下巨資,在台北的內湖包下一幢大樓成立專業的文化教室「學學文創志業」,同一天即有數十種文化課程開班授課,每堂課收費500至1,000元不等。這種連一般市民也熱衷上文化課的現像,在其他華人大都會中並不多見。

對於這一股日漸普及的文化力,台北市政府並沒有袖手旁觀,而是積極的加入煽風點火。馬英九在1998年當選台北市長之後,第一件事就是成立台北市政府文化局,並且遠赴歐洲親邀文化評論家龍應台出任首屆文化局長。在龍局長的規劃下,文化更深入巷弄之中,與市民的日常生活結合得更緊密了。很多有古蹟或歷史價值的公共建築,經過整建後轉型為新的文化

活動場所，例如日據時代以來即為釀酒廠的台灣啤酒廠廢棄廠房改建為華山藝文特區；二戰前即已吸引許多藝文界及改革運動常來聚會的紫籐廬茶藝館，由市府鑑定為古蹟而獲保存免除被拆毀的浩劫等等，在馬市府的任內不下數十起。對比於今日的北京古城為了蓋高樓而不斷拆除已有數百年歷史的老胡同，北京市民大概會很羨慕台北市民吧？

　　台北市政府文化局的另一項德政，是每月出刊免費發送的「文化快遞」。這是一本由文化局委外編輯的台北市每月藝文資訊總覽，將每個月多達600則上下的各種藝文活動訊息，按活動類型和時間地點分門別類羅列整理並作重點介紹，市民只要一冊在手按圖索驥，就能輕易掌握所有的文化活動了，夠細心的讀者甚至每天都可以找到不用花一毛錢便能參加的市內免費文化活動呢。這本「文化快遞」每期印行10萬冊，在全市600個地點派送，由於廣告效力宏大，故廣告費已足以應付編輯和印刷費用，堪稱雙得益彰。民間也有一份性質類似的「破週報」，採免費報的型態針對年輕人的市場，經營情況也相當好。台北市的民間文化能量如非已強壯到一定的程度，焉能養得起兩份免費雜誌呢？

　　如今很多中國大城市都在高喊發展「文化產業」的口號，但大部份似乎只重視硬件的建設。而台北市在軟實力上具有獨特的競爭力，如能把硬件上的劣勢變成一個優勢，看來這場硬仗很可以一打。

▐ 19. 台北的城市記憶

　　台北市是在1967年7月1日正式升格為直轄市的。當時台北市的總人口只有160萬，在經濟的發展上只算是一個剛步入工商業社會的小家碧玉，如今經過了40年急速的轉變，已成為現代化的國際大都市，並且以擁有世界第一高的101大樓為傲。說她是華人社會中的大家閨秀，應該也不會有多少人反對。

　　筆者是在1970年的夏天從香港到台灣來唸大學的，除了在畢業後那幾年曾經回香港工作之外，自從1977年開始就以「台灣女婿」的身分在台北市定居下來了，因

・交通建設是台北市這40年來最大的改變。

此可以說是一個看著台北一步步長大的老市民了。回首過去的城市面貌改變，記憶中浮現了不少有趣的對比。

　　以我個人的感覺來說，台北市這40年來最大的改變是它的交通建設。在1996年台北捷運系統的第一條木柵線正式開始營運以前，台北市堪稱是交通情況最惡劣的國際大都市之一，尤其是

在捷運自1988年動工興建大概有十年之久的「交通黑暗期」，簡直讓台北市民有痛不欲生之感，出門即塞車成了每天上演的例牌節目。當時好幾條主要幹道的路面都被挖得千瘡百孔，車輪被迫在大鐵板鋪蓋成的臨時路面上緩緩行駛；要不然就是被捷運工地的圍籬把道路圍了一半，四車道變成兩車道，連行人要過馬路都得繞大圈，你說能不痛苦嗎？

20世紀70年代，正是台灣對外貿易呈尖峰發展的黃金時代，但台灣全島只有一條傳統的鐵路貫穿南北的高雄港和基隆港，貨物運輸問題十分嚴重，當時主政的蔣經國遂有「十大建設」的重大施政計劃，其中的6項建設都跟交通有關，「鐵路電氣化」是其中指標性的工程。台北市也早在升格為直轄市的同時就開始規劃「台北捷運網」（地鐵），只是中國人做事一向習慣推拖拉，加上幾千億新台幣的龐大經費無法解決，因此遲至1987年才正式啟動這項徹底改善市內交通的大工程。

在捷運通車之前，台北市的2百多萬市民主要依賴3種交通工具來通勤：公車、私家車、機車（摩托車）。數量最多的黃色公車，由台北市政府公營，幾十條路線都統一採用這款看來笨笨的車種。另有少數路線交由幾家民間公司經營，車種就不一樣。80年代以前，每輛公車都配有一位車掌小姐，在車上收票剪票。乘客上車之前，得先在路旁的公車票亭購買各專屬公司的車票才能搭車，彼此並不通用，相當的不方便。常搭車的人就會先買一種儲值的「回數票」，是一種厚卡紙印製的

卡片，按價錢的不同劃分了不同的格數，每坐一段車就剪掉一格，路途長遠的就會算兩段票。我唸書時都是使用有折扣優待的學生回數票。

當時的台北市還不流行便利商店，因此各家公車業者就在公車站牌附近設置公車售票亭以便利民眾購票搭車，公車票亭最多時曾高達300多座，成為早年特殊的台北街景。這些票亭除了賣車票，也賣報紙雜誌、香菸汽水、糖果餅乾，甚至冰淇淋，儼然是一個小型雜貨店。一些勤快的票亭老板還會擴充業務，替報社收小廣告，或是替顧客配鑰匙，真可以說是「麻雀雖小，五臟俱全」。直至1994年，台北市聯營公車全面將剪票制改成上下車投現制，隔年公車儲值卡又上市，票亭也不再販售公車票，曾經風光了近半個世紀的公車票亭才在這幾年間逐漸消失在台北街頭。

「機車橫行」也曾經是台北街頭的特殊風景。由於兩個輪的機車比四個輪的轎車方便很多，因此一向貪圖做事方便的台灣人特別喜歡騎機車，據統計平均一戶擁有超過一輪的機車，連「首善之區」的台北市也不例外。無論是業務員出外談生意，或是家長接孩子下課，都是騎上機車就走。因此在台北市路邊的紅磚行人道上或騎樓邊，經常可見停滿了一排一排的機車，往往佔據了一半以上的空間，行人必須「禮讓」機車通過，教人十分無奈。甚至在90年代以前，政府曾多次推動「機車騎士戴安全帽」的計劃都無以為繼。直至便捷又舒適的捷運

系統6條路線陸續通車之後，台北的機車騎士才自願放棄日晒雨淋之苦，而台北市這個多年治不好的交通毒瘤才不藥而癒。

　　隨著台北捷運的施工，曾經是台北市地標和許多老台北共同記憶的「中華商場」也走入了歷史。中華商場是沿著縱貫鐵路線，在台北市中華路兩旁矗立起來的八棟連棟的建築物，建於1961年。當時是國民政府為了拆遷安置住在那一帶共1600多間簡陋的竹棚木屋的各省流民，特別蓋起了當時台灣最大的百貨總匯商場，樓高三層，共有八大棟相連，由北而南分別命名為忠、孝、仁、愛、信、義、和、平棟，總長1171公尺。在一般市民的經濟還不是十分富裕的年代，「中華商場」是大家想買音響電器，或是全家上館子品嚐大江南北各省佳餚，或是找上海師傅做一套剪裁合身的西裝，或是大中學生想買中西流行音樂唱片最先會想到的地方。拿10塊錢到中華商場的唱片行買一張「學生之音」（把歐美最流行的單曲輯錄在一起的盜版黑膠唱片，當年有幾個搞這種唱片的老闆後來還隨著校園民歌在台灣的崛起而成功轉型為華語音樂大亨），再逛到旁邊的西門町看電影，成了我在台灣唸書時期最快樂的回憶之一。有不少台灣電影都以中華商場當背景拍過重要場面，包括

•老台北人共同記憶的「中華商場」已走入歷史。

了宋存壽導演的文藝傑作《母親三十歲》和蔡明亮的處女作《青少年哪吒》。

　　為了把中華路兩旁的縱貫鐵路線地下化，老舊的中華商場只好拆卸，在1983年的拆遷過程中還有不少居民與市政府發生抗爭。如今，中華路已變成寬80米的林蔭大道，一度失去光彩的西門町也重新成為吸引青少年的商業鬧區和吸引觀光客的旅遊景點。

■ 20. 超級星光大道

　　台灣最紅的選秀節目《超級星光大道》在2007年7月6日晚上現場同步播出的總決賽中，選出了第一季的總冠軍林宥嘉，而亞軍、季軍則分別由周定緯和潘裕文奪得，一場轟轟烈烈的電視造星活動至此暫告一段落。當晚應邀到場頒獎的「台灣流行音樂教父」李宗盛，也許離開台灣久了，當目睹這一群還沒正式出道的大孩子已經紅成這副巨星模樣，不禁連說話都打結了。

　　對於在這兩年親身參與過《超級女聲》和《快樂男聲》這種全民瘋選秀的熱潮的內地觀眾而言，像《超級星光大道》這種小規模的電視選秀節目似乎算不了什麼，它的「人氣王投票」冠軍楊宗緯只不過有40,978票而已，怎麼能跟玉米得到的3百萬票相比？但是衡量到台灣的人口和市場規模，以及當前台灣唱片業（歌唱娛樂業）的不景氣，那麼《超級星光大道》能夠用不到半年的時間，就成功地一下子打造出十個人以上的「明日之星+青春偶像」，他們的首張合輯唱片上市首周銷量就已大賣12萬張，還在成功建立「超級星光大道」這個娛樂品牌之餘，又迅速延伸出「星光幫」、「星光同學會」等子品牌，以集團軍的滾雪球氣勢在華人娛樂圈中昂然闖出名號，單就投

資報酬率的精準有效而言，我們不得不佩服《超級星光大道》這一次的節目企劃和執行操作的確非同凡響。

在近幾年全球瘋選秀的潮流下，像以歌唱比賽為主題的《超級星光大道》當然已不算是什麼新鮮事，事實上在此節目播出之前，台灣就有好幾個電視台的節目在進行歌唱比賽或校園美女選拔之類的選秀活動，但在社會上並沒有引起什麼反響，節目的收視率也平平。因此，如何能夠後來居上，在舊調中彈出新意，喚起一般大眾對節目的重視，便成為《超級星光大道》企劃製作單位首先得解決的問題。

以「豪華製作」和「專業形象」建立參加者的信心，是《超級星光大道》在節目定位上的明智之舉，而開宗明義提出「誰該當大明星」的清晰訴求更是高招，讓那些會唱歌又發明星夢的年輕人都留意到這個可以令他們鯉躍龍門的平台。負責製作《超級星光大道》的金星製作有限公司是台灣電視界綜藝節目經驗最豐富的製作公司之一，為節目掌舵的王偉忠是教父級人物，由他製作的《康熙來了》和《全民大悶鍋》均是有創意、有特色的節目，在海峽兩岸都走紅，自然給人信心。

既是發掘歌唱巨星，優勝者的目標當然是出唱片，因此《超級星光大道》一定要找一家有實力而又擅長推廣年輕偶像的唱片公司合作，旗下藝人擁有S.H.E和飛輪海的華研唱片雀屏中選。（據悉，第二季的合作對象已換成環球唱片）《超級星光大道》的總冠軍將獲得100萬新台幣的獎金和華研唱片的一紙

歌星合約，成為這項比賽很有吸引力的參加誘因，吸引了好幾千人報名參加節目初選。

後來成為「人氣王」的楊宗緯便是在2007年12月間，在台中市廣三崇光百貨公司現場報名參加《超級星光大道》電視節目歌唱比賽初選的。年紀已老大不小，沙場經驗頗為豐富的楊宗緯，為了呈現出一個比較年輕的感覺，將原來是29歲的年齡謊報為24歲，開始時無人在意此事，後來隨著《超級星光大道》的收視率日漸上升，成績最好的楊宗緯也人紅是非多，終於被網友在網上揭發了他的真實年齡和學校背景。楊宗緯最初還對此事閃爍其詞，甚至製作單位也為了收視考慮而公開力挺他，說「虛報年齡只是小事一樁，不應影響他的歌唱表現」。後來鑑於譽論壓力，楊宗緯只好含淚認錯，在四強賽前退出比賽，甚至還為此吃上「偽造文書」的官司，被法院判他在個人博客上公開張貼悔過書，還要他做60小時的公益服務抵罪。雖然楊宗緯遭遇這些折騰，人氣卻始終沒有下滑，在情如手足的「星光幫」中仍被尊為一哥。

有人說，比賽節目的選手應該把對方視為「敵人」，得將對手鬥倒才能成就自己的勝利，節目也會因此而顯得更加緊張刺激。為了增加收視率，更會讓「毒舌評審」故意刺一下失敗者的自尊，以滿足觀眾「看人出醜」的慾望。有一些選秀節目，的確是採用這種「負面營銷」策略來作包裝。不過，《超級星光大道》完全反其道而行，因為他們開宗明義是要培養出「一幫明

星」，而不是只成就「一個明星」，因此用不著「一將功成萬骨枯」。製作單位希望進入後面幾次重要晉級賽的選手，能夠產生一種「惺惺相惜」的朋友之情，誰也不想別人不幸遭淘汰，而這群大孩子彷彿也真的在周復一周、月復一月的相處中產生了「革命感情」，每逢碰到好友遭淘汰時便毫不遲疑的在鏡頭前灑淚，不但感動了彼此，同時也感動了電視機前的觀眾。

而本節目的幾位主要評審袁惟仁、黃韻玲、張宇、林志炫等，也都採正面鼓勵的方式對選手指點迷津，希望他們能一次比一次唱得好。製作單位也安排由專業造型師Roger替新秀們打點造型，讓他們看起來越來越多星光。在此情況下，《超級星光大道》少了惡鬥卻多了溫馨之情，正好給十分厭煩「政治惡鬥」的台灣年輕人和家庭觀眾以心靈的洗滌，節目的口碑迅速爆紅，收視率從最初的不足2%急升至後來的8%。在台灣，電視節目的收視率若達到5%已經是不得了的受歡迎了。

在節目的內容設計上，《超級星光大道》也很懂得適時製造噱頭，帶動觀眾的收視興致和網路上的討論話題，例如安排在餐廳演唱的蕭敬騰前來向楊宗緯3次踢館交鋒，又把曹格的「背叛」和萬芳的「新不了情」重新炒熱，使這兩首歌成為KTV排行榜的大熱。所以到了後來，KTV業者和鈴聲下載業者都主動加入成為本節目的合作廠商了。楊宗緯和蕭敬騰因此都被炒熱了，也讓曹格的專輯多賣了4、5萬張，所以曹格也很樂意在總決賽中做評審，並且和兩個晚輩一齊合唱「背叛」。

　　當然，流行事物的傳播若沒有大眾媒體的推波助瀾是很難推廣發揚的。由於播出《超級星光大道》的中國電視公司（無線台）和中天電視台（綜藝有線台及新聞有線台）及中國時報集團均屬於關係企業，後二者為了發揮綜效作用，均大篇幅長時間地報導該節目的種種，硬是將它炒作成最熱門的城市話題。當氣勢形成之後，其他幾個新聞台也不得不跟進報導，以免成為同業中的「新聞獨漏」。因此在節目進入總決賽的前兩周，可以說每天都能夠在電視上看到《超級星光大道》的新聞。要算廣告費的話，「星光幫」這群新秀是用過億的資金吹捧起來的。

　　流行事物想持續維持其熱度於不墜，也要懂得掌握時機，打鐵趁熱。在第一季的冠、亞、季軍尚未正式誕生之前，華研唱片已讓《超級星光大道》的十強灌錄合輯唱片「星光同學會」，在總決賽新聞炒到最高潮時推出上市，果然銷售長紅。另外，退賽的楊宗緯又在華研的安排下為台灣電影《沉睡的青春》演唱主題曲「多餘」，可見得不得名次其實無所謂，大家都獲得出唱片當歌星的機會。中天電視台新節目《星光同學會》在8月便錄影上檔，袁惟仁和黃韻玲搖身一變成了節目主持人。而華研也在籌備「星光同學會」的第2張合輯唱片。第二季的《超級星光大道》節目，短短三個月就吸引了2萬多人報名，甚至有來自阿根廷和馬來西亞的參加者，百人初選的節目在7月20日便開始播出。這種一環扣一環，快刀斬亂麻的商業經營效率，可能不是內地的選秀節目做得到的吧？

• 第二季的「超級星光大道」。

下篇

台灣的那些人

■ 1. 王偉忠這個「台灣電視綜藝教父」

　　假如你是喜歡觀賞台灣電視綜藝節目的人，很難不知道「王偉忠」這個名字，因為當前最走紅的台灣電視綜藝節目，十之七、八是出自王偉忠的手筆，或是由那些跟他有關的傳播公司製作的。隨便數一數，這些每天給全球華人帶來歡樂的當紅節目就有：「我猜我猜我猜猜猜」、「超級星光大道」、「康熙來了」、「全民最大黨」、「國光幫幫忙」、「王牌大賤諜」、「大學生了沒」等。王偉忠跟別人一齊合資搞了「數位製作」、「金星製作」、「中大製作」、「精彩製作」、「百分百影視」等5家電視節目製作公司，自己親任金星製作股份有限公司總經理之外，還興致勃勃的在最近親自執導武俠情境喜劇《江湖.Com》，一推出就創下收視率佳績。除了製作節目，王偉忠也兼營經紀事業，目前經紀的旗下台灣藝人有：大小S、郭子乾、黑人、劉真、琇琴、顏嘉樂、林美秀、陳翊萱、劉喆瑩、王怡仁、黃安琪、張兆志、孫鵬、林書煒、何戎、阿KEN、納豆、壯壯、陳漢典等，被稱為「偉忠幫」。擁有如此的「豐功偉績」，難怪王偉忠會被尊稱為台灣電視綜藝界的「教父」，因為他當之無愧！

　　這個精力充沛、創意無窮的「電視鬼才」，入行已超過30年，因製作《連環泡》節目成名至今也超過了20年，經他的

手創造出來的電視節目已破百，若是要從其中挑選出一個最具時代意義、最富獨創精神的代表作，應屬從2002年10月開播的《2100全民亂講》、中間演變成2.0升級版的《全民大悶鍋》、發展至如今走紅兩岸的3.0版《全民最大黨》這一個「全民系列」，因為它開創了台灣獨步全球的「政治模仿秀」狂熱。這個節目不但是華人社會所獨有，連領先全球的美國電視界也要步其後塵。在美國總統大選正趨白熱化期間，模仿共和黨副總統候選人裴琳出來搞笑的節目爆紅，不正是說明此一現像的鮮明例證嗎？

其實王偉忠能夠在台灣創造出「全民系列」這種深具「顛覆意義」的電視節目，跟他個人的經歷和性格有絕大關係，而台灣政經環境在近20年來的翻天覆地大變動，也給他提供了源源不絕的創作養份。

祖籍北京，出生和成長於台灣嘉義眷村「建國二村」的王偉忠，其父王志剛有一半滿族血統，但在台灣的軍隊中卻只是個開發動機和卡車的士官長。從小，王偉忠就敏感地意識到，自己是生活在一個階級分明的世界。在空軍眷村，飛官住在獨門獨院大房子，地勤軍官較次一點，軍階最低的士官只能住違章建築的小房子。給眷村孩子唸書的空軍附小，學校分成忠孝仁三班，忠班是飛官的孩子，孝班是地勤軍官的小孩，仁班是士官兵的孩子，王偉忠是當然的仁班生。後來學校增加了一個愛班，就專收眷村外的台灣本省小孩。就是因為從小飽受階級

制度所害，所以王偉忠一直抵抗階級，長大了做節目，就會去做一些顛覆性的節目嘲諷階級、打倒階級，《全民最大黨》等一系列政治模仿節目以「全民」為名，當是最自然的選擇。

當然，成長在眷村也不全然是壞事，王偉忠認為「一個小眷村，可是一種大中國」。眷村裡居住了來自南北各省的軍眷，空氣中飄揚著各種腔調的國語和方言，村裡大榕樹下述說著爸爸們口中的家國大事和媽媽們口中的雞毛蒜皮生活小事，這一長串悲歡交集的故事，日後都成了提供王偉忠搞創作時的「子彈」。如今王偉忠練就那一口溜到不行的普通話，忽兒可變成四川話，忽兒是天津腔，忽兒又成了東北腔，讓他來去各種腔調自如，在大陸參訪時與各省各路人馬侃大山而無往不利，也就是來自當年的建國二村的滋養。很多成長自眷村的「外省第二代」日後成了台灣藝文界的大腕和傳媒界的要角，在他們身上總能看到這種「多元文化」氣質的自然流露，令香港和大陸方面的同行艷羨不已。

王偉忠雖出身自軍人家庭，家中卻是「嚴母慈父」，父親是罕見的不動武老兵，而由母親專掌「刑部」，每當王偉忠在眷村裡外搗蛋闖禍回來，動手教訓

‧眷村裡居住了來自南北各省的軍眷。

他的總是母親王孫紹琴，但他還是打混如故，氣得這位嚴母自嘆說：「我怎麼會生出你這混世魔王來！」然而，這一種「混」的精神並沒有驅使王偉忠走入黑道，而是讓他轉化成一種擅於觀察社會、了解人性、隨機應變的能力，這種能力使他日後成為一個在圈中走紅了20年卻仍然可以當一個以創意豐富、擅於掌握社會脈動著稱的好製作人，具有密不可分的關係。

王偉忠自稱是個「老靈魂」，從小就「憂國憂民」，因為他確實憂慮台灣，所以做節目喜歡反映社會現象。他小時候就對「電視」這個東西充滿幻想，因為它可以影響很多人。在高中時代翹課時，他看到當年的台視名導播黃海星帶著外景隊在嘉義公園出外景，心裡就想：「他媽的！有為者亦若是！」當時就決心要做導播。為了追求這個理想，他在18歲時考上了文化大學的新聞系。一個眷村的窮小孩，身上帶著全家湊出來的兩萬塊到台北。在新生訓練的前一天晚上，王偉忠在陽明山上的文化大學校園驀然看到山下台北繁華的燈火，他發誓，要在台北好好打天下，「有朝一日，要讓山下的萬家燈火統統認識我。」帶著這種「光宗耀祖」的巨大壓力，王偉忠從大二開始就不放過任何在電視台實習的機會。他曾經在攝影棚裡關了四天四夜沒睡覺，當最後終於可以走出電視台時，他抬頭看到台北的夕陽，不禁跌坐在台階上哭了起來。為了多一點了解電影實務，他到台北影業公司打工，學習沖洗底片，整天泡在充滿化學藥劑的工作車間。當同一批實習的學生都打退堂鼓時，王

偉忠硬是撐到了最後。

王偉忠畢業後正式進入電視圈工作的1980年代初期，正是台灣的民間社會經長期壓抑後開始爆發實力的時候。1981年，羅大佑唱紅了轟動一時的《鹿港小鎮》；1982年，《光陰的故事》引爆了台灣新電影的浪潮；1983年，台灣生產的單車和網球拍等21項產品成為「世界冠軍產業」；1984年，台灣的高中生升大學的就學率高達82%。這段期間，王偉忠在當時最大的「福隆製作公司」當執行製作。「福隆」是台灣電視界仍處於「老三台時代」的節目製作業少林寺，培養出不少人材，例如以《流星花園》引爆偶像劇風潮的製作人柴智屏也出身其中。王偉忠於1986年開始獨當一面，為華視製作了每週一至週五晚間播出的帶狀綜藝節目《連環泡》，內容以短劇單元為主，初期仍只是一般寓教於樂的現實小笑話，但節目中期以後的短劇單元如〈每字一說〉、〈中國小姐〉、〈中國電視史〉、〈七點新聞〉等，便以黑色短劇方式諷刺社會現象，首次樹立了台灣電視綜藝節目諷刺時事的前衛風格，獲得社會上的極大迴響，令王偉忠一舉成名，也帶動了後來的綜藝短劇節目風潮。此節目自1986年3月31日首播，至1994年4月14日才停播，是台灣電視史上影響力最大的長壽節目之一。

1996年，「福隆製作公司」改組，王偉忠從「福隆」的系統分出來，獨立成立自己的傳播公司。此時，台灣電視界已進入百家爭鳴的「有線電視時代」，政治上也已經早就解嚴，節

目創作的「言論自由」比過去寬鬆得多。1998年4月，王偉忠的「數位製作公司」推出其處女作，是為SET電視台（即今三立電視台前身）製作的政治模仿娛樂節目《純屬巧合》。這是長度僅20分鐘的帶狀節目，全程只插播一段廣告。片頭動畫有王偉忠說的旁白：「以下內容絕對不是真的！《純屬巧合》。」該節目的攝影棚佈景直接模仿當時SET新聞節目的佈景，節目主持人則是一個模仿當時最紅女主播張雅琴的人偶「張主播」。在張主播講完開場白之後，便開始「播報」第一則新聞（也是當日唯一的一則新聞）。「播報」完畢之後，畫面切換到由演員鄧志鴻扮演的該則新聞的主角接受「記者」們的訪問，這些訪問會出現不少搞笑的台詞。「訪問」結束後，節目暫停，直接進廣告。廣告結束後，畫面回到攝影棚佈景，「張主播」會「開放」call-in，讓「觀眾」可以發表意見或與「張主播」交談。事實上，包括call-in內容在內的所有講話都是事先設計和預錄好的，畫面上顯示的call-in電話號碼是虛構的「12345678」。在開放一、兩位觀眾call-in之後，「張主播」就宣布「巧合新聞」收播並向觀眾道別，當日節目內容全部結束。光看這段介紹，你就可以明白王偉忠在10年前已經有計劃地在實驗他有感而發的「政治模仿秀」。這個迷你節目雖然前後只播出了半年，卻已為日後大獲全勝的「全民系列」埋下了伏筆。

全民最大黨之《藍綠蜘蛛網》

自從2008年8月14日陳水扁召開記者招待會，公然承認：「我做了法律不允許的事。」之後，阿扁一家的洗錢案醜聞便成了台灣電視新聞中的連續劇——每天都有新的情節發展，而且波濤起伏、高潮迭起，比任何專業編劇所能編出來的劇情都要來得精彩，至今還看不到完結篇。這麼精彩的真實素材，故然成了台灣各電視政論節目和談話節目亦步亦趨的取材對象，更直接催生了一部集「類戲劇」與「政治模仿秀」於一身的當紅連續劇，那就是自9月29日首播的《全民最大黨》中的新單元《藍綠蜘蛛網》。

歷經五年的時間，共播出 1204集的《全民亂講》與《全民大悶鍋》，其共同特色除了有郭子乾、邰智源等同一批的班底演員齊集在固定的佈景中針對每天的討論主題即席抬槓搞笑之外，就是每一集都會穿插幾個預先錄製好的小單元，將節目的格局拉開，也把節目的內容變得更豐富多彩，例如以「黎智瑛」領銜的《芒果亂報》、「張名清」掛帥的《國台辦發言人》等單元，都是膾炙人口的長壽經典。

新爆紅的《藍綠蜘蛛網》可以說是「全民系列」前所未有的大製作，出現在節目片頭的主要角色多達8人，因為沒有那麼多人不足以如實反映阿扁洗錢家族的「龐大陣容」。為了完整呈現扁案爆發以來的新聞故事，個中關鍵人物「一個都不

能少」，包括：唐從聖模仿阿扁、丫子模仿陳幸妤（公主）、
陳漢典模仿陳致中、巧克力模仿黃睿靚、許傑輝模仿黃百祿、
白雲模仿吳王霞（珍媽）、郭子乾模仿吳景茂（珍兄）。至於
坐在輪椅上的核心人物阿珍，迄今仍以「猶抱琵琶半遮臉」的
拉背方式演出，因為自從扁案爆發以來，吳淑珍從未真正「現
身」或「現聲」，故本劇只能以「幕後藏鏡人」的方式詮釋吳
淑珍，到什麼時候有「本尊」亮相？那不但會製造出本劇的收
視高潮，也是社會新聞本身的高潮。

《藍綠蜘蛛網》的劇名，源自20年前在台灣十分著名的
類戲劇節目《藍色蜘蛛網》。在當年，《藍色蜘蛛網》首創採
用半紀錄片式寫實拍法，並由不知名演員扮演真實犯罪新聞中
的關鍵人物，加上由當時頗具公信力的新聞主播盛竹如擔任節
目中的敘述者和串場人，在節目一開始便以其權威的新聞記者
口吻向觀眾報告案情重點，開創了一種與傳統電視劇在風格上
大異其趣的「類戲劇」形式，在台灣電視界引起了相當大的轟
動，日後也產生了不少的模仿者。

《藍綠蜘蛛網》是《藍色蜘蛛網》的最新模仿版本，也
是第一個搞笑版。模仿主持人「盛竹茹」的，正是在「全民系
列」諸多小單元中將角色發揮得淋漓盡致的邰智源，光是瞧他
坐在沙發上那一副滋油淡定的老牌主播嘴臉和溫吞吞的說話口
吻，加上盛竹如在類戲劇中常用的「善惡到頭終有報」等警世
用語，就足以令台灣觀眾為之忍俊不禁。在「盛竹茹」的引言

過後，鏡頭就進入扁家的客廳，上演一齣齣改編自扁家弊案新聞的搞笑家庭倫理劇。陳致中和黃睿靚這對年輕夫妻則固定出現在第二現場，透過電話跟阿扁連線。由於時間有限，這個每天只播10分鐘的迷你劇每一集只集中諷刺一個事件，單元最後還不忘以字幕表示：「以上故事，純屬虛構，如有雷同，那就雷同。」反諷意味十足。

由於阿扁一家的洗錢案每天都有新發展，劇情素材故然是源源不絕垂手可得，但卻必須「與時俱進」，這可累壞了參加此劇演出的《全民最大黨》演員。《藍色蜘蛛網》每周利用半夜開棚拍攝追進度，演員群追戲追到爆肝，常常是邊化妝邊打瞌睡，演員們聚在一起都在討論「半夜錄影不會睡覺」方法。邰智源就埋怨說：「盛竹茹的角色說話很慢，又要一直坐在沙發上，簡直是催眠行為。」他只有靠不斷吃東西來提神。演陳幸予的丫子因眼皮要貼小，常因眼睛累會想睡覺。演陳致中的陳漢典則靠不斷被巧克力呼巴掌來提神，常常被打到臉頰通紅，眼鏡都掉下來，因為錄影時巧克力每次都是打真的。所有演員中以唐從聖精神最好，因為阿扁喜歡趴趴走四處演講，情緒一定要超High，所以他演阿扁精神非要好不可。

《藍綠蜘蛛網》之所以大受歡迎，分析起來原因很多，其中最不可或缺的應該是它擁有一批模仿演技精湛而又肯全力以赴的優秀演員，「全民系列」的兩位靈魂人物郭子乾和邰智源故不必論，簡直是天生的模仿者，可以在短短的準備時間內就

將被模仿對象的靈魂勾了出來，每次演出都好像「上了身」。
而在節目製作人王偉忠的慧眼提拔之下，一些有潛力的劇場新
秀甚至非科班出身的幕後工作人員也陸續被納入固定的演員班
底，有效的擴大了可模仿對象的空間。王偉忠就點名說：「陳
漢典表現愈來愈好，丫子很有才華，表演基礎很紮實，小巴也
是，這兩位女孩子願意走女丑路線，我覺得很感動，因為女丑
真的很難找。」王偉忠也特別盛讚如今已成節目台柱之一的洪
都拉斯：「他是我當年看走眼的人，我一直覺得他平凡不適合
當藝人，沒想到他是老來帥，愈老愈有魅力！」

■ 2.台灣電影的奇蹟製造者——
魏德聖與《海角七號》

　　2008年10月3日，正在熱映中的《海角七號》寫下了歷史，它在上映42天後的台北市累計票房達到1.41億新台幣，打破了《色，戒》於2007年放映93天後創下的1.36億新台幣的票房紀錄，全台賣座接近3個億，成為10年來台灣最賣座的華語電影。同時，它也壓倒了好萊塢大片《神鬼傳奇3》和《黑暗騎士》，成為當年最賣座的電影冠軍，成為不折不扣的「奇蹟製造者」。

　　為什麼一部完全沒有大明星演出、製作也不算豪華的本土文藝電影，竟然能夠在台灣掀起了威力如此驚人的一陣海角旋風呢？在影片公映之前，當時若有人跟你說：「魏德聖的《海角七號》台灣票房會超過吳宇森的《赤壁》和周星馳的《長江7號》。」你一定以為他是瘋了，可能還會不屑地反問：「魏德聖是誰呀？」

　　問得好！若不先瞭解一下《海角七號》的編導魏德聖是何許人，就無法理解這股在台灣製造奇蹟的旋風是怎麼刮起來的。魏德聖的傳奇行徑頗值一書，他本來只是唸電機專業的學生，因在當兵時認識了一位終日談論電影的同袍，讓他有了一個電影夢，遂在退伍之後進入傳播公司做節目助理。1993年當

電影場記時認識了楊德昌電影工作室人員，得以隨楊德昌導演擔任助理，之後在拍攝《麻將》時升任副導演，學習到楊導認真工作的精神。1999年，他首次執導了故事長片《七月天》，獲溫哥華國際影展「最佳青年導演獎」，卻苦無公映機會。

數年前，陳國富導演獲美商哥倫比亞公司資助，在台灣開拍大型商業電影《雙瞳》，魏德聖擔任此片策劃，使他深切體會台灣電影市場受限於資金規模而無力拍攝大製作的現實困境，乃在結束了《雙瞳》的拍攝工作後，自己積極籌拍一部描寫台灣「霧社事件」的原住民英雄故事史詩巨片《賽德克·巴萊》，製作預算高達2億新台幣。為了向投資人證明他有專業能力執導大製作，魏德聖在2004年想盡辦法自籌了250萬元資金，拍攝了一段5分鐘的試拍樣片，內容是原住民的戰士與日軍在森林中的追逐戰。當年的金馬獎舉行期間，我和其他金馬評委偶然聽到了這個消息，馬上找樣片來看了，果然拍得氣勢磅礴，令人眼前一亮，大家都覺得很興奮，遂主動向當時返台參加金馬獎活動的李安推薦，看看能否透過他在好萊塢的關係募到資金，結果是不了了之。不過，魏德聖自己卻沒有退縮，竟仿傚韓國影壇的做法在台灣發起「網路募款」，可惜由於主客觀都尚未成熟，這個「壯舉」徒留佳話而已。

難得的是，魏德聖除了有決心之外還有策略，他先擱下《賽德克·巴萊》，另行創作一部規模較小的故事長片《海角七號》（投資額為5,000萬元新台幣），先用此片向世人證明「我真的可

以拍出觀眾喜歡看的商業電影」！《海角七號》順利取得了新聞局的輔導金500萬元，但那只是總預算的十分之一，還要找片商投資，但一般的電影公司都拒絕，曾令本片停頓了5個月。為了落實對演員和工作人員的承諾，魏德聖不惜向銀行自行貸款1,500萬元，全數投入拍攝，頗有「不成功便成仁」的悲壯。

魏德聖拍《海角七號》的目的非常清楚：說一個動聽的故事。在這個指導原則下，他寫下了這樣的劇情：失意的樂團主唱阿嘉（范逸臣飾）從台北回到家鄉恆春，不情不願地暫代郵差工作，一個寫著「恆春郡海角七號番地」的日本郵包被他不以為意地丟到床底下沒送出。另一方面，有意留在台灣發展的日本少女友子（田中千繪飾）被公司派到恆春任聯絡員，負責協調當地一家觀光飯店組織的日本巨星中孝介演唱會。在鄉代會主席（馬如龍飾）極力爭取下，以阿嘉為首的幾個烏合之眾臨時組團練唱以便在演唱會暖場。過程中，友子與阿嘉不打不相識而產生愛情。友子在阿嘉房中偶然發現了寄到海角七號的信，才明白是在60多年前台灣光復時的一位日本老師（中孝介兼飾）被迫遣返而不敢向他暗戀的台灣學生示愛，乃在去世前寫下7封情書，由他女兒按日據時代舊地址寄來台灣。友子和阿嘉在感動之餘決心將信送到老婦手上，而當初令人不予寄望的臨時樂團也在演唱會上奇蹟地一鳴驚人。

本片涵蓋了音樂、夢想、愛情與大時代的滄桑，素材相當豐滿。編導採取直接了當的對比式結構，一邊以鄉土劇惹笑風

格交代幾個邊緣小人物的個人感情故事和練唱過程，另一邊則穿插以深具歷史滄桑感的日語唸白交代7封情書內容，悲喜交集地推向最後的演唱會高潮，以中孝介的「療傷歌聲」和七色彩虹表達出「化解遺憾」的主題。

今天的台灣正處於政治混亂和經濟不景的低盪期，每個人的心中都多少有些遺憾，一股「遠離台北」的氛圍正逐漸擴大中，2007年的《練習曲》引發單車環島熱潮其實已有所反映，但《海角七號》將這種「與台北觀點決裂」的態度表達得更鮮明，讓很多北上遊子和不滿現狀者找到了情感宣洩的出口，因而在老百姓中獲得廣泛認同。本片上片首周票房表現平平，但意料之外的熱烈口碑先是在部落格上轟傳，接著又影響了報紙和電視等大眾媒體，相關的報導和評論舖天蓋地而來，竟使第2周的票房逆勢上揚121.2%，第3周又再上揚79.2%，到戲院看《海角七號》竟然發展成了「全民運動」，戲院前出現了好久不見的長龍，聯映戲院主動加廳加場疏導觀眾，第4周竟使它以818萬元的票房成績躍升為當周冠軍，創下前所未有的越演越旺紀錄。到了第5周又奇蹟地上揚143.3%，以不可思議的1,991萬元蟬聯票房冠軍，總

• 《海角七號》的相關報導。

票房已逼近了《赤壁》。至此，《海角七號》已成為了台灣電影的一個傳奇。

所謂「一人得道、雞犬升天」，《海角七號》的瘋狂賣座馬上造就了很多想不到的周邊效益。由資深演員李烈首次監製的兒童電影《囧男孩》是第一個直接受益者，因為它在2周後緊接著《海角七號》上映，在宣傳上和造勢上都取得了聯合促銷的效益，使一部低成本的小品電影也廣受媒體重視，吸引了很多大人觀眾，上映4周後也有近千萬的票房。原來已下片幾個月的校園片《九降風》，在「國片復興」的熱潮下也獲得重新上映的機會，單廳上片竟也多收入百萬元的票房。已在排期上映的台灣新片如張震、桂綸美主演的《停車》和首部客語史詩大片《1895》，都獲得戲院商的善意配合，跟以前一聽到是台灣片就搖頭的情況大有不同。

至於《海角七號》本身的收益就更大了，幾個配角都馬上爆紅，有成為廣告代言人的，其中已62歲的「茂伯」更當上了電視劇男主角。片中的恆春外景全成為熱門旅遊景點，拍攝主場景的墾丁夏都酒店近日經常客滿，周邊商品的原住民琉璃珠和小米酒都業績爆增好幾十倍，賣座電影的廣告效應可見一斑。而先前對《賽德克·巴萊》全無信心的電影公司，也開始主動找魏德聖洽談合作計畫了。看來，魏德聖這一把牌真的賭贏了！

2008年的台灣電影奇蹟

2008年的台灣有兩大奇蹟，給世人帶來了一正一負兩種截然不同的衝擊效應。屬於負面的是阿扁一家創造的「海角七億」，一部卑鄙無恥的政客貪污洗錢連續劇，上演到何時才能落幕尚未可知；屬於正面的則是魏德聖創造的《海角七號》，以全台5.2億新台幣的總票房寫下了台灣電影的新歷史，影片本身雖已在上映了4個月之後於台灣的電影院光榮謝幕，卻接下來在香港、星馬、以及2009年的中國大陸和日本等市場繼續發燒。「海角效應」發酵的結果，肯定已改寫了低迷十多年的台灣電影的歷史，甚至會改變整個華語電影界的「大片思維」。

為什麼《海角七號》能夠創造出這個任何人都想像不到的電影奇蹟？分析起來，因素很多，它當然包含了一些電影本身的因素，但更多的是電影以外的政治、經濟、社會、文化和歷史等因素，要是深入細說足夠寫成一篇幾萬字的論文。歸根結底說一句：《海角七號》的賣座奇蹟，不純粹是一個「電影事件」，更是一個「社會事件」；而關鍵的致勝原因，則在於台灣民眾對本片的「認同」，以致把到戲院看《海角七號》從一項「個人娛樂活動」發展成「全民認同運動」。

2008年的台灣，正處於政治混亂和經濟不景的低氣壓，長達8年的「綠色執政」和近兩年的全球性金融風暴，令大部份的台灣民眾心中充滿了鬱悶之氣，期待一個「感情宣洩口」。本以為

馬英九上台後就會因為「馬上好」而有所改觀，不料事與願違，馬政府不但連「馬上漸漸好」的低標準都做不到，甚至還做出了一連串的笨事，以致網路上還傳出「每個人開始明白手中神聖的一票，不過是將自己的命運從一個『壞蛋』交到一個『笨蛋』手上而已」之類的思維。這種悲痛卻無奈的遺憾真是無語問蒼天。所以，阿嘉（范逸臣飾）在《海角七號》喊出的第一句對白：「操你媽的台北！」，不但代表了劇中男主角跟台北的抉裂，其實在潛意識之中也喊出了很多人對以「馬政府」為代表的「台北思維」不以為然的心聲。編導魏德聖在《海角七號》中安排阿嘉回到長久被忽視的「國境之南」去尋回自己的個人價值和鄉土認同，又在片中刻意安排閩南人和原住民等小人物合組樂團，並且借劇中人之口批評政府把美麗的海灘BOT給外地的有錢人獨享等等，其實都具有一種深層的社會意識，為本片確立了一種非常清晰的主題訴求，而這種訴求，恰好在《海角七號》上映期間是獲得台灣大多數觀眾強烈認同的，他們終於在片中的「七色彩虹」和台日歌手合唱的「野玫瑰」歌聲中化解了心中的遺憾。

假如《海角七號》排在2008年520「馬政府」上任之前公映，肯定不可能造成同樣的轟動反應。2007年公映的《練習曲》其實已反映出民間有一股「遠離台北」的氛圍正在蘊釀中，只不過觀眾在此片找不到故事和人物讓他們認同，而只能將全部情感投射在「騎單車環島」這件事情上，使它變成了這一年多以來台灣最夯的休閒活動，連自行車行業都因此而逆勢賺大錢。

　　基於這種情感上的強烈認同，很多《海角七號》的觀眾會在看電影的當下自動忽略它的缺點，而只欣賞到它的優點，並且在離開電影院之後還會自動變成《海角七號》的鐵桿粉絲和義務宣傳員，逢人就推薦他們去看《海角七號》，甚至會陪同親友再看一遍，好些地方團體更集體包場觀賞。所以本片首周的賣座平平，但第2周的票房卻逆勢上揚121.2%，主流媒體看到這種新聞現像紛紛主動加入報導，使它成為一個熱門的城市話題。在宣傳效應加乘下，《海角七號》的票房就像滾雪球一樣停不下來，終於合作創造出台灣電影的最大奇蹟。

3. 李安憑什麼再擒「金獅」？

2007年9月8日是張愛玲逝世12周年的紀念日，也就在同一天，改編自張愛玲短篇小說的電影《色，戒》在意大利的威尼斯電影節奪得最佳電影金獅獎，冥冥之中成為對這位已仙逝的文壇才女的最佳紀念。

令人興奮的當然不是在這一點上，而是享譽全球的華人導演李安又一次創造了歷史：這是李安繼2005年的《斷背山》於三年內兩度奪得金獅獎，也是史上唯一由同一位導演接連兩部作品獲此殊榮，創下威尼斯電影節的新紀錄，這也是華人導演連續三年騎走金獅（2006年賈樟柯《三峽好人》）。之前，張藝謀相隔七年才兩度擁抱金獅獎（1992年《秋菊打官司》、1999年《一個都不能少》」），相比之下，顯然李安已更勝一籌。剩下來的懸念將會是：《色，戒》會像《斷背山》一樣讓李安揚威於明年度的奧斯卡嗎？（結果是沒有）

其實在金獅獎的頒獎名單揭曉前，《色，戒》並不是本屆威尼斯參賽電影中的大熱門。在影片曝光後，媒體關注的焦點清一色只集中在令人震撼的裸露情慾場面。以電影節會刊《CIAK》上參與打分的專業人士的成績來看，杜琪峰的《神探》就以3.0的得分超過了《色，戒》的2.85分以及《太陽照常

升起》的2.75分。人氣最高的是法國影片《種子與騾子》，但結果它只獲最佳新人獎，而《神探》更是空手而回。

到底李安的《色，戒》是憑什麼獲得最後勝利的？由於筆者在執筆為文時尚未親睹《色，戒》，故無法對此片的優劣有所置喙。我們不妨拿榮任本屆威尼斯電影節評委會主席的張藝謀公開表示的兩段話來作一注腳，他說：「《色，戒》贏得了由導演組成的評委會的一致好評。在眾多參賽影片中，《色，戒》是最完整、最完美的。李安將多國資源很好地整合在一起，也是評委會青睞他的原因之一。」他又說：「中英文造詣好，貫通中西影壇者，李安是第一人。」

由於本屆金獅獎評委會的七位評審清一色都是導演，因此會無可厚非地更偏重於導演技巧的純熟流暢和製作執行的品質管制這些「電影實務」，而這兩方面恰好都是李安的強項，《色，戒》在奪得最佳電影之外同時獲最佳攝影獎，可反映本片在技術上的高品質。除此之外，李安以他多年來生活浸淫於東西方文化之間、悠遊自在於中英雙語之間的傲人功底，放開自己來拍攝各類型電影題材。從古代中國的武俠小說《臥虎藏龍》，到科幻美國的漫畫故事《綠巨人》；從美國牛仔難以明言的同志戀情《斷背山》，到中國間諜與漢奸的異性激情《色，戒》，李安都以「專業導演」的角色全力以赴，拍出兼具好萊塢特質和人文個性的作品，成功地衝破了「藝術電影」與「商業電影」的二元對立，這可能是他近年來在歐美和亞洲多個電影節過關斬將無往不

利的一個基本原因。如今看來，李安這項堪稱得天獨厚的「導演資產」，正是很多急欲進軍國際的兩岸三地導演及力圖進入中國市場的外國導演所渴望擁有而不可得的吧？

當2007年李安以《斷背山》奪得奧斯卡最佳導演而聲譽正隆之時，他沒有「乘勝追擊」再拍同志電影輕易贏取票房，也沒有「自抬身價」開拍《綠巨人》之類的好萊塢大片為自己平反，反而回過頭來執導一部製作規模相對小得多的華語電影來進軍國際

・《色，戒》的國際海報。

市場，而且選擇了一個中日戰爭大時代底下的間諜愛情故事為題材，我當時就認為李安對國際電影市場的謀略和對華語電影如何有效破除「只會拍武俠大片」的迷思，真的有高人一等的思維，遠勝同輩的華語大導演。李安很清楚，就是因為他有了「奧斯卡最佳導演」的桂冠加持，以及《斷背山》在世界各地創造的文藝片高票房和好口碑，使他業已成為文藝電影的一個國際性「名牌」，地位有如時尚界的LV。此時此刻他推出文藝電影的新產品，將可讓國際觀眾留意到「武俠大片」以外的其他類型華語電影，為文藝電影打開新出路，不必老是讓王家衛一個人來背負這個任務。如今，《色，戒》如願獲金獅獎，證明李安的想法是正確的。

眾所周知，張愛玲的小說在此之前已多次搬上大銀幕，包

括許鞍華導演的《傾城之戀》和《半生緣》、但漢章導演的《怨女》、關錦鵬導演的《紅玫瑰白玫瑰》等，都不算是成功之作。而收錄在《惘然記》中的短篇小說《色，戒》，內容篇幅不多（才28頁），知名度也不高，李安怎麼想到要燒這個冷灶？

要知道上述幾張愛玲電影的失敗，主要原因之一是編導太過「忠於原著」，情不自禁地被張愛玲的小說文字和對白縛住手腳，亦步亦趨地跟著原著的情節走，以致屬於電影本身的戲劇元素和視覺映像難以充份發揮，到頭來只讓觀眾看到一個形式中規中矩而內容則已跟時代脫節的三、四十年代言情故事而已。李安似乎是從拍攝《斷背山》學到了經驗教訓：「改編短篇小說比長篇小說給予編導自由發揮的空間更大。」《斷背山》就是篇幅不多的短篇小說，但發展成劇本之後卻顯得細膩而豐富，過程中可以加入不少李安個人的思想和人生的體會。

同樣的，在《色，戒》小說中寫了只有幾句話的色慾場景，卻讓李安和編劇王蕙玲把它變成重頭戲，並選擇用直接大膽手法，來呈現片中女特務王佳芝（湯唯飾）原想暗殺大漢奸易先生（梁朝偉飾），但在緊要關頭卻發現自己愛上了他，以致放他逃走的那種複雜男女關係與心理轉折。

要表現「愛情與背叛」這種雖然具有普世價值卻也容易流於老生常談的主題，沒有一些出人意表的手段是難以收效的。素來溫文儒雅的李安突然拍出媲美《巴黎最後探戈》的NC-17級裸露情慾場面，其震撼效果也就可想而知。李安在訪問中坦言

他在影片拍攝中途幾乎精神崩潰，可見他這一次的大膽突破自己的確是豁出去了。

不過，要是明白李安的家庭背景和成長過程，可以知道李安在溫文儒雅的軀殼下其實有一個長久壓抑著的叛逆靈魂，當他找到了適當的時機和方法，就會將這種叛逆精神井噴而出。嚴肅的校長父親讓功課不好的李安從學生時代就自尊受創備感壓抑，這種感覺日後強烈地反映在他編導的電影之中，幾乎使「壓抑」成為了李安所有作品中的一個簽名式。而有了「壓抑」自然就需要「解放」，因此李安片中的主角不乏叛逆精神，《臥虎藏龍》中的玉嬌龍就是一個最鮮明的代表，片中的周潤發和章子怡角色，就是李安本人的一體兩面。章子怡對周潤發的挑逗勾引，其實早已潛伏了李安對情慾禁忌挑戰的蠢蠢欲動。經過了《斷背山》的溫柔出擊獲得喝彩，父親已去世而自己成為了家族戶長的李安在《色，戒》之中採取更強烈的方式來徹底解放自己，也就顯得順理成章了。

4.台灣最出色的電影導演走了

　　楊德昌算得上是台灣電影史上最出色的一位導演。論導演技巧的精妙細致、劇本格局的嚴謹綿密、主題視野的博大精深、尤其對台北這個城市的人情世相觀照，在台灣影壇甚至整個華語影壇均無人能出其右。楊德昌畢生只拍過1部電視長片、1部電影故事短片、加上7部電影故事長片，數量並不多，但是其中起碼有一半堪稱是國片的傑作，其它的也都在一般水準以上。他的每一部作品都絕對向自己的藝術良心負責，絕不馬虎應付，這種創作態度和創作水準，在台灣導演中實在難以找到，所以他的去世，怎麼不令人惋惜呢？

　　楊德昌具有深厚的工程和電腦背景，令他和其他台灣導演在思考模式和關注的議題上都顯得很不一樣，形成他獨一無二的個人電影風格。他在1981年春天回到台灣，第一次的電影工作，是參與了余為政導演的獨立製作《1905年的冬天》的編劇及演出，日後該片的製片余為彥成為他長期的製片拍檔。

　　不久之後，當時橫跨台灣影、視、歌三界的女強人張艾嘉，在台視製作一個電影化的電視影集節目《十一個女人》，將蕭颯原著的同名短篇小說集拍成電視影片。楊德昌被選為其中的一位導演，拍攝了《浮萍》上、下集。此片對角色的塑

造相當成功，女主角月花那種無可奈何又不願割捨的感覺描寫得細膩動人，並具有相當強的社會教育意義，整體相當不俗，但是拍得仍未夠精鍊。不過，楊德昌的導演才華已經被留意到了，在節目播出不久之後，他和在《十一個女人》中同樣表現傑出的柯一正即被中影公司吸收成為《光陰的故事》的導演，跟陶德辰和張毅等四人各自執導了一段半小時的故事短片，從此展開了蔚為傳奇的「台灣新電影」的歷史。

在《光陰的故事》的四段故事中，楊德昌導演的第二段《指望》被公認為最出色的一段，他以精緻的分鏡和具有感情的筆觸，寫活了一個遭遇初經的少女那種微妙含蓄的懷春之情，簡直就像一篇文藝氣息濃厚的優美散文。在片中擔綱的少女演員石安妮，即獲金馬獎的最佳女配角提名。

《光陰的故事》公映後叫好叫座的好成績，使得片中四位年輕導演有如考試及格，都獲得了各自獨立拍攝電影的機會。楊德昌和吳念真合作編寫的原創劇本《海灘的一天》，獲得了台灣的中影公司和香港的新藝城公司聯合投資，由此可見此片深受重視。

《海灘的一天》用一種十分精密細緻的「織錦式編劇」手法，具體而微地概括了當時台灣中產階級的整個人際關係面貌，對愛情、婚姻、親情、事業等各方面都做了相當深刻的探討。本片的故事背景是1970至1980年代的台灣。這段時間，台灣從保守的農業社會轉型到現代化的工商業社會，人們的觀念和行為產

生了很大的轉變。本片一開始，是分手了13年的林佳莉（張艾嘉飾）與她哥哥林佳森的前女友青青（胡因夢飾）在餐廳的重逢；而本片的結局，則是兩個女人離開餐廳分手的一刻。2小時40分的片長，跟這兩個女人在餐廳相聚聊天的時間差不多，因此，觀眾彷彿是坐在餐廳的一角默默地傾聽這兩個當事人回憶往事。類似這樣的劇情結構方式，是華語電影前所未見的大膽嘗試。

「多重視點的轉變」和「開放式的結局」也是本片突破性的作法。影片在多位重要角色之間轉變敘事者的觀點與角度，甚至有很多場「回憶中的回憶」。藉著配樂的連貫、剪接點的準確掌握，以及演員神情的自然入戲，成功地避免了造成混亂的後果，成績彌足珍貴。對於一向習慣於追問故事結局的中國觀眾來說，「沒有答案的電影結局」也是一種十分大膽的考驗。本片在技術方面，亦有超水準的表現，不讓香港影界專美於前，它甚至在1983年的亞太影展中擊倒市川崑執導的日本片《細雪》而獲得最佳攝影獎。但如此一部超前之作卻在金馬獎角逐中全軍覆沒，輸給了鄉土小品的《小畢的故事》，卻著實令不少人感到抱屈。參加當屆金馬獎的一位香港評審委員就曾私下氣憤地表示：「《海灘的一天》連一項獎也沒得到是金馬獎的恥辱。」識貨的人都將本片視為「十年來最重要的一部台灣電影」，在台灣電影資料館主辦的第一屆電影欣賞獎中，《海灘的一天》獲得最佳影片和最佳導演獎。

儘管《海灘的一天》作出那麼多挑戰市場的壯舉，本片的

賣座卻也突破了1,000萬新台幣，證明戲院商和觀眾其實也願意接受這種藝術取向很高的國片，此事令人大感鼓舞，於是楊德昌再度作出更大的挑戰。

在接下來由他和朋友合資開拍的《青梅竹馬》中大膽打破明星制度，起用並不是俊男美女的年輕導演侯孝賢和唱民歌的蔡琴當男女主角。本片很有創作誠意，編導的野心也很大，企圖透過阿隆和阿貞這對年輕情侶以及他們身邊的一些人物，反映台北這個大都會的物質文明所帶來的人際關係疏離。這個議題雖然是很多高度開發國家日趨嚴重的社會問題，但對於當年的台北人而言，那還是一個令大眾頗感陌生的議題。楊德昌採用冷漠、壓抑、曖昧的方式來闡述他的理念，又進一步壓縮了觀眾的層面。故本片在1985年公映時，落得台北市4天下片、中南部的戲院更只有3天下片的悲慘收場。這說明了楊德昌在發展「文化電影」的理想時並未考慮實際環境，有點高估了當時的台灣市場。

可喜的是，楊德昌並沒有被《青梅竹馬》的票房失利打垮，繼續不斷專注於他對編劇和導演藝術的鑽研。在中影公司支持下開拍的《恐怖份子》，令他重振雄風。此片遠從香港請來當紅女星繆騫人主演，劇情描述女作家周郁芬在苦悶不堪中尋找創作靈感；其夫是醫院化驗師，不惜出賣同事求取升職，夫妻之間根本無法溝通，在台北街頭傳來的槍聲中，逃亡少女和富家子攝影師開始跟女作家纏繞在一起，三線交錯的故事和開放式結局，教人想起《海灘的一天》，但執行成績更上一層

樓。這部反映台北大都會的恐怖生活狀態的《恐怖份子》，讓楊德昌在1986年首次贏得金馬獎最佳影片，後來又在1988年獲盧卡諾影展銀豹獎和義大利畢沙洛影展最佳導演獎，他的知名度終於傳到了歐洲。

有了國際知名度，藝術電影就有了國際市場。楊德昌雄心勃勃，於1989年成立楊德昌工作室，打算培養自己的電影班底打持久戰。他花了一年時間完成《牯嶺街少年殺人事件》劇本，又花了一年時間拍攝和完成後製作，終於在1991年7月上映這部3小時版的巨作。本片根據1961年夏天發生於台北市牯嶺街的一宗兇殺案新聞改編，透過初中生小四（張震）和身邊一群混幫派的青少年，反映20世紀60年代初期整個台灣社會的時代氛圍，格局宏大，結構精密。包括當時的政治恐怖氣氛、僵化教育制度、幫會利益衝突，以至經濟轉型等大問題，都透過張家父子的故事有所涉獵，堪稱是台灣電影史上破天荒的一部「1960年代社會史」。楊德昌以片長4小時的「導演完整版」參加金馬獎，結果擊敗了一批強勁對手，包括李安的處女作《推手》、關錦鵬的《阮玲玉》、王家衛的《阿飛正傳》等，勇奪最佳影片獎，因此這一年也堪稱是金馬獎40多年來水準最高的一屆。

1993年，楊德昌獲選為日本「電影旬報」年度電影獎的最佳外國導演，《牯嶺街少年殺人事件》獲選為年度十大外片第二名。

1994年，楊德昌嘗試執導世態喜劇《獨立時代》，可惜效果未如理想，太過知識份子化的內容不太容易令人發笑，但卻獲金

馬獎最佳原著劇本獎。但楊德昌在國際影壇的地位卻水漲船高，義大利都靈影展和希臘的鐵撒隆尼卡影展，同時邀請他擔任評審，最後他選擇至都靈擔任評審。

• 《牯嶺街少年殺人事件》是楊德昌最佳作品。

兩年後，楊德昌改從年輕化、通俗化、國際化的角度來剖析台北。《麻將》透過一個斂財騙色青年四人幫在幾天之內的離奇遭遇，反映當前台北市在表面上已邁向國際化的庸俗荒謬本質。本片打破了台灣片一貫的鄉土地域色彩，大量運用外國演員和英語對白，藉以凸顯台北市成　國際都會的色彩，還請到法國影壇新秀維吉妮拉朵楊到台北演出。此外，又在主角四人組的對白中大量採用俚俗的三字經和次文化用語，企圖更貼近年輕觀眾的生活。結果本片獲得1996年柏林影展的評審團特別獎。

由於台灣的市場景況持續低迷，楊德昌在本土難以找到資金開拍新作。在千禧年來臨前夕，他接受日本製片人投資企劃的「Y2K」計劃，代表台北開拍他的最後一部故事長片《一一》。影片通過講述中年科技人簡南俊（吳念真飾）一家三代的故事，全方位探討世紀之交的台北人命運。多線敘述、理性思辨的導演風格，已經顯得如此這般的自然，因此榮獲了

2000年坎城影展的最佳導演獎，美國影評人協會和紐約及洛杉磯影評人協會也同時選了《一一》為當年度的最佳外語片。可惜台灣第一位得到坎城影展最佳導演殊榮的人，卻因不滿台灣的電影市場環境而拒絕上映《一一》。

最後，他亦選擇病逝美國而非台北，莫非這幾年楊德昌對台北已無話可講？

楊德昌對台灣影壇的影響

「台灣新電影」是台灣電影發展史上最重要的一頁篇章，而楊德昌則在這段歷史中佔據了雖不是最重要但卻不可或缺的地位。

這一個「台灣新電影運動」的成功，主要由兩股影壇新勢力匯聚而成。自1982年陸續出現台灣影壇的十幾位新銳導演，雖也有所謂的「本土派」與「留洋派」之分，但卻有一股不分彼此、眾志成城、同仇敵愾的氣勢。他們之間既競爭又合作，既是同事又是朋友，在銀幕上或銀幕下都留下了不少的佳話美談。

若加以細分，同是1982年出品的《光陰的故事》和《小畢的故事》可以視為兩組電影新銳展示實力的代表作。《光陰的故事》除張毅為本土的電影專業畢業生外，另外三位導演陶德辰、楊德昌和柯一正都是留美的電影系畢業生；而《小畢的故事》則是本土電影工作者（陳坤厚、侯孝賢）結合本土年輕小

說家（朱天文、丁亞民）的漂亮出擊。這兩股力量，到了拍攝
黃春明原著的《兒子的大玩偶》時更結合在一起（由侯孝賢、
曾壯祥、萬仁聯合導演，吳念真編劇，陳坤厚攝影），形成一
股驚人的氣勢，也把台灣電影帶進一個新境界。

　　當年，台灣仍處於「戒嚴時代」，對外的資訊比較閉塞，
外國電影也不能隨便進口公映，本土電影工作者幾乎全憑自我
摸索而成長。因此，當一批年紀相近的電影留學生集體加入舊
有的拍片體制時，他們便自然扮演了「新知傳遞者」的角色，
為當時仍頗為保守的台灣電影界傳遞西方電影新思潮，吹起了
一股清新之風。

　　在「留洋派」的導演之中，楊德昌儼然是扮演了領袖的角
色。一方面是因為楊德昌在眾人之中有較豐富的社會經驗和拍
片經驗；另一方面則因為他擅長思考、多才多藝，因此自然形
成一股吸引力，連「本土派」的年輕導演也很喜歡圍攏過來。
當時，國民黨黨營的中影公司是台灣新電影的大本營，新銳導
演們有事沒事就喜歡聚集在7樓的企劃部聊天打屁，連娛樂記者
都常往那邊跑。下班後，楊德昌家裡那一幢日式的平房就成了
眾人的另一個家，大家脫了外衣在榻榻米上肆無忌憚地高談闊
論，成了很多台灣新銳導演至今仍忘不了的歡樂記憶。有一年
的金馬獎頒獎典禮之夜，筆者有幸置身其中，跟十多名年紀相
當、理想相近的導演在榻榻米上看電視轉播頒獎禮，充分感受
到他們之間的那種「革命感情」。

　　這種同儕之間的感情不但流露在私底下，也反映在他們拍攝的電影上。新銳導演們互相在別人的作品中亮相演出的情況隨時可見，例如楊德昌導演的《海灘的一天》有辦公大樓的戲，柯一正、陶德辰、曾壯祥、陳坤厚、侯孝賢、小野、吳念真等人都乖乖客串公司的職員，既省錢又提高了特約演員的素質。除此之外，他們也不吝嗇於提供自己的專業所長給別人的作品，藉以提高其電影藝術水平。例如侯孝賢導演的第一部轉型之作《風櫃來的人》，原來採用一般的流行音樂作配樂，楊德昌看了覺得可惜了，主動建議更換為古典音樂《四季》作配樂，影片的整個藝術格調登時提升不少。

　　可惜這種彼此激勵支援的同志之情只維持了開始的兩三年，隨著各人的發展有高有低，名氣逐漸懸殊。「台灣新電影」也在評論界引起爭議，1985年甚至出現了「擁侯派」與「反侯派」的說法，同志之情就漸漸趨於冷淡。此時此刻，楊德昌與侯孝賢逐漸成為代表台灣新電影的兩大支柱，甚至形成兩個截然不同的電影美學門派。

　　自從一些主流影評人對台灣新電影中的清淡風格給予極力誇讚之後，很多新銳導演紛紛以「排除故事情節和戲劇性、淡化人物感情、大量使用單鏡頭長拍、追求個人感性風格」作為他們追求的共同創作目標，失去了多元化，「淡」彷彿成了國片創作唯一應走的道路，侯孝賢也成了很多人爭相模仿的對象。這種採用「一淡到底」的基本風格，直至1990年代的蔡明

亮和林正盛都沒有改變。相形之下，楊德昌的電影風格在台灣
影壇顯得勢單力薄、千山獨行。

·楊德昌是代表台灣的大師之一。

老實說，像楊德昌這種如此重
視高明導演技巧、龐大劇本架構、
複雜人物關係、專業電影技術、演
員整體演出的電影拍法，在電影工
業體制還沒上軌道、製片投資又普
遍屬於低成本的台灣影壇，的確有
些吃力不討好。楊德昌如非有過人
之能，也很難撐十多年。不過，也就是有楊德昌個人的堅持，
近20年的台灣電影還能在鄉村之外有城市、傳統之外有現代、
簡單之外有複雜，多少呈現出不一樣的電影藝術光華。

5. 李行是不是瘋了？

　　上個世紀的60年代是台灣電影發展史上的黃金時代，不僅拍片量多，而且人才濟濟。那時候影壇有所謂「四大天王」之說，他們是從香港來的李翰祥和胡金銓，以及台灣本土的李行和白景瑞。可惜，四人之中如今只剩下李行尚在人間，而且他也有20多年沒拍電影了，思之令人黯然。

　　李行大導演嗓門大、脾氣大，在台灣影壇是出了名的。不過，他拍戲的嚴格認真，也是出了名的。他畢生的代表作《秋決》一片的編劇和選角過程，頗能夠把他的導演工作態度鮮明地反映出來。

　　《秋決》的劇情描述自小被老奶奶寵壞的殺人犯斐剛，被關在死牢中等待來年秋天處決。老奶奶為了給斐家繼承香火，讓家中的婢女蓮兒到牢中伺候斐剛，沒想到她竟用柔情感化了這個暴烈的鐵漢，使他最後甘願接受應有的懲罰。這個故事構想，李行早在1960年的時候已經有了，那時候他還只是一個在拍台語喜劇片的年輕導演，可是心裏面已經想著要拍一部如此高格調、如此有教化意義的電影，這也許跟他是師範大學教育系畢業的背景有關吧。

　　當時，李行的構想很獲朋友鼓勵，認為這是很有意義的

事。於是他就請了當時做文教記者的姚鳳磬跟他討論故事架構，談了好幾次之後還弄了故事大綱和人物表，但是因為李行的要求很嚴格，劇本一直無法進行。後來，李行被中影公司總經理龔弘延攬，進中影公司拍了《蚵女》和《養鴨人家》等片，成了忙不過來的大導演，拍《秋決》的事就給耽擱下來了。

1969年，中影公司製片部經理胡成鼎退休，李行、白景瑞和中影的一群好朋友，決定支持他另外成立一家新的電影公司拍片，這就是「大眾電影公司」的由來。創業作是白景瑞導演的喜劇《今天不回家》，一炮打響了「大眾」的招牌。

可惜在不久之後，台灣的第二家電視公司「中視」的出現，加速了電視機在台灣社會的普及，也拉走了大批的電影觀眾。在市場漸露不景氣的時候，李行想起了他未竟的理想，遂向「大眾」提出了開拍《秋決》的構想，也獲得了製片部同意。李行將塵封十年沒有定稿的故事拿出來，交給跟他從《養鴨人家》已開始合作的編劇張永祥重新著手進行。可是張編劇一共把劇本修改至11稿，李導演還是不肯收貨，把張永祥弄得火冒三丈，揚言要不幹了，李行才總算點頭把劇本定稿。

有了劇本之後，接下來就是要選角了。大家一致認為女主角蓮兒的角色，「養鴨公主」唐寶雲不作第二人想。這個時候唐寶雲其實已經退出影壇，在美國結婚了。李行只想到要把影片拍好，其他的可不管，於是要求唐寶雲賣他面子回台復出

拍片，唐寶雲對這位恩師又怎敢搖手拒絕呢？於是乖乖回來演出，之後還一直留台拍片，結果搞到離婚了。

女主角決定之後，男主角斐剛該用誰演呢？這可是大費周章的事，因為那時候台灣影壇有幾位紅小生，個個都能獨當一面。當時最紅的當然是柯俊雄，他拍過李行的《啞女情深》和《貞節牌坊》等片，李行要用他的話是沒問題的，可是他的手上已經有好幾部影片在拍了，檔期上能否配合實在大成疑問。此外，主演了《新娘與我》的王戎和《今天不回家》的武家麒，也都是票房小生，並且也都跟李行合作過。不過，若是撇開票房號召力不談，光是就演員的「型」和角色的吻合度而論，長相粗獷的歐威卻最合適。歐威無疑是個好演員，不過他非但不是票房明星，之前更只是演配角和男二號而已，用他擔綱會不會風險太大了？李行面臨了抉擇：到底為了票房考慮？還是根本不顧慮票房？在難以決定的情形下，李行作了一次台灣影壇前所未有的創舉：他分別約了4名小生試鏡，讓他們化好了粧演出斐剛一角，而且老老實實的拍了400呎底片，然後洗印出來互相比較。這可真是大導演的手筆，換了別人可不一定能做到！

對李行而言，開拍《秋決》是他的畢生心願，也是他向「電影藝術」有所交代的導演功課，完成了這部作品之後，他就會把自己背了好幾年的「藝術電影包袱」放下，全力向商業電影衝刺。在看過四人的試鏡片段後，李行決定破釜沈舟，選擇了最沒有票房保障的歐威出任《秋決》的男主角。拍板定案

公佈消息，新聞界為之嘩然：李行是不是瘋了？

　　世事的不可預測，正是它的最迷人之處。一部在事前人人都認為它根本沒有生意眼的古裝說教文藝片《秋決》，連國片院線都排不上，卻竟然在兩家西片戲院連續熱映了兩個多月，成為1971年台灣最賣座的電影之一。歐威憑本片贏得了金馬獎最佳男主角，「中國時報」的影評稱譽他為「中國的三船敏郎」，足證李行的確有識人的眼光，置身「四大天王」的大導演稱號絕非浪得虛名。

6. 永遠都是「小白」的白景瑞

昔日的台灣影壇有兩位導演兼好友以「李白」知名，在1960-1970年代焦不離孟，堪稱是一時瑜亮。其中的「李」是前文介紹過的李行，塊頭大、嗓門大、典型的大導演，人們提起他就會肅然起敬；但「白」則是個頭小、其貌不揚，但是為人瀟灑風流、幽默風趣、親和力強，因此就算頭都禿了，圈內人仍以「小白」稱之，他便是已逝世十多年的白景瑞。

白景瑞是在1997年，時任金馬獎執委會秘書長時於頒獎前夕因心肌梗塞而突然辭世的。因為他執導的作品中公開發行DVD者甚少，也沒有什麼電影節為他做回顧展，因此今日的影迷認識他的並不多。然而在當年，「小白」卻是一個走在時代尖端引領風騷的重要人物，並在台灣影壇創下了多項「第一」的紀錄。

白景瑞最初在台灣的「省立師範學院」讀外文系專業，後轉至藝術系。在大學期間認識該校話劇社的李行，兩人志趣相投，結為好友。

1950年代中期，義大利新寫實主義電影《單車失竊記》等影片在台上映，引起影評的熱烈討論。此時的白景瑞剛好服兵役後退伍，旋即在自立晚報當上影劇記者，同時以筆名「白擔夫」在報上寫影評與畫評。在看了多部義大利新寫實主義電影後，他

決心赴義國學習電影。1959年，他預支中國時報半年稿費作為旅費，又以該報特派員及自立晚報駐義記者的身分遠赴義大利。兩年後，他考入羅馬皇家藝術學院學習繪畫及舞台設計。1962年，再進義大利電影實驗中心學習電影，成為第一位留義學習電影的中國人。

1964年白景瑞學成歸來，先進入中影公司擔任編審委員。當時中影總經理龔弘剛上任，正提出「建康寫實主義」路線，全力推動台灣電影作一種新的創作嘗試。中影拍攝的第一部健康寫實片《蚵女》，白景瑞即擔任此片剪接。之後他升任製片部經理，在李行獨力執導的第二部健康寫實片《養鴨人家》時，他就實際參與策劃與劇本討論，將在義大利所學得的電影觀念與技術引進台灣，果然令本片大受好評。

眼看老同學李行在導演路上大放異彩，「小白」遂在1966年辭去中影的經理職務，轉任導演。首部作品是與李行、李嘉合導歷史戰爭片《還我河山》，講述越王勾踐的故事。之後便獨立執導第一部影片《寂寞的十七歲》，希望將當時在社會上出現的「青少年內心空虛迷失」的心理狀況好好探討一番。當時的台灣社會還十分傳統保守，而且處於政府凡事都要控制的「戒嚴」狀態，白景瑞的勇敢創新計劃遭遇挫折。他曾自言道：「我原本是要很強烈直接來寫這個嚴重現象，由於中影當局有許多顧慮，擔心遭有關人士抨擊，只好全盤修改，才弄成類似唯美派的電影。」然而本片仍是台灣第一部正面提出青少年成長心理問題的

影片，在影壇頗受好評，為他贏得第6屆金馬獎最佳導演獎，並為男主角柯俊雄贏得台灣第一座亞太影展的影帝寶座。翌年，他執導的浪漫喜劇《新娘與我》大膽引進分割畫面等西片技巧，蟬聯金馬獎最佳導演；同年首創三段式的家庭劇《今天不回家》亦瘋狂賣座，從此奠定了「小白」在台灣電影界的大導演地位。

1969年，白景瑞退出中影，與李行等合組「大眾電影事業公司」。他根據陳映真的鄉土短篇小說《將軍族》改編拍成《再見阿郎》，描述台灣在從農業社會邁進工商業社會的時代巨輪下，一名跟不上時代的土流氓阿郎歷經掙扎走正途卻仍慘遭淘汰的故事。此片將義大利新寫實主義電影的精神徹底發揮，大膽拉下了過去的那層「健康」糖衣，讓人看到了白景瑞真正的導演功力，咸認為是史上「台灣十大電影」之一。

在整個70年代，「小白」一直是台灣電影界的紅人，輕鬆自如拍了一批瓊瑤式的言情片和愛情喜劇都十分賣座，其中包括了著名的《白屋之戀》、《晴時多雲偶陣雨》、《女朋友》、《一簾幽夢》等。期間還因為拍青春片《門裡門外》而跟年齡小他一輪的女主角夏玲玲爆出愛情火花，成為當時十分熱門的八卦新聞。兩人雖成功對抗社會壓力正式結為連理，可惜維時太短，不久又以離婚收場。

80年代的「小白」運氣可差多了。除了在1984年執導《金大班的最後一夜》時因成功發掘姚煒演金大班而受到囑目，他的電影事業明顯地走下坡，昔日在導演手法上的銳利表現也不見了。

1990年，好不容易抓住台灣開放赴大陸拍片的契機到北京執導了清宮片《嫁到宮裡的男人》，可惜在藝術和商業上都沒表現好，本片因而成了他的最後一部導演作品。

「小白」在去世前那幾年很不得意，他曾經想放下身段去拍電視劇，不料電視台根本不買他的帳，甚至還認為他當年的大導演名氣是一種「累贅」。我以後生晚輩身份曾被他找去幫忙寫劇本，目睹這種人情冷暖真是不勝唏噓。最後他在剛開始改制的金馬獎工作委員會中得主席李行之助當上了秘書長，才算生活穩定下來，可惜沒多久就黯然逝世。

• 《今天不回家》奠定了「小白」的大導演地位。

▶ 7. 「健康寫實主義」的推手龔弘

人生世事的發展十分奇妙，很多在歷史上被視為必然會發生的事件，若追源溯始來看，其實也不過是一連串偶然事件的累積而已，好像在上個世紀60年代台灣出現的「健康寫實主義電影」就是一例。

對今天的全球影迷來說，他們對台灣電影留下來的最主要印象，應該是出現在上個世紀80年代的「台灣新電影」，這個電影風潮最主要的代表人物是導演侯孝賢和2007年不幸逝世的楊德昌。而在此之前的20年，其實台灣已經先出現了另一個同樣重要的電影潮流，那就是「健康寫實主義」電影，當時的代表人物是導演李行和製片人龔弘，尤其是身為中央電影公司總經理的龔弘，他是這個電影風潮的幕後推手。

龔弘是新聞專業的大學畢業生，從抗日戰爭時代已從事新聞和出版工作，隨國民黨到台灣後進入政府負責新聞行政。有一次他奉上級指派主辦第一屆的國語片金馬獎頒獎典禮，因為表現出色，獲得當時的新聞局局長沈劍虹先生賞識，並且發現他年輕時還是個影迷，於是在1963年中央電影公司（簡稱「中影公司」）改組時竟推薦龔弘接任新的總經理。龔弘自問對電影工作尚具興趣，但並無研究，所以在當上了中影總經理之後深感戒慎恐懼。

　　當時的台灣電影還處於篳路籃褸的歷史發展階段，人才與技術均感不足，年產量只有個位數，拍的也只是製作簡陋的黑白片。但是在龔弘上任後，每天都有很多熱心人士登門拜訪，跟他大談電影，供獻良策，彷彿每個人都是電影的行家。龔弘聽在耳裡卻苦在心裡，耗時7個月仍舉棋不定，決定不了他的製片路線，所以在製片上是毫無動靜。

· 李行的《街頭巷尾》令龔弘甚為讚賞。

　　正當龔弘深感苦惱時，他和年輕的導演李行碰了面，兩人相談甚歡。李行唸教育專業出身，當過短暫的中學教員和記者，1958年以台語片《王哥柳哥遊台灣》當上了電影導演。

5年後，他執導了自己的第一部國語片《街頭巷尾》，是以當時台北市相當普遍的大雜院為背景的小人物生活故事片，風格寫實，手法流暢，龔弘看了此片之後相當感動。經過深談之後，他對李行的電影執著也甚為讚賞，當即禮聘李行進入中影公司任基本導演。

　　不過，龔弘對《街頭巷尾》的藝術表現雖讚譽有加，對此片之製片路線卻有一大疑問：拍寫實片一定要在殘破的窮街陋巷中取景不可嗎？寫實電影就一定要揭露生活中的陰暗面嗎？這種

從戰後義大利「新寫實主義」電影如《擦鞋童》和《單車失竊記》等片建立起來的藝術風格令龔弘深感困擾，因為中影公司是「黨營事業」，肩負有推廣政府政策的文宣任務，又怎麼可能拿起石頭砸自己的腳呢？

恰好在當時，龔弘從另一個國營片廠借回來的有關台灣漁村和農村的紀錄片中看到了一幕，登時令他豁然開朗，為中影公司的拍片路線找到了一個可行的新方向。那是一個在彰化鹿港的蚵田中拍攝的鏡頭──養蚵農民推著多輛蚵車在夕陽中賦歸，拍得很美，意境很有詩意。龔弘覺得這是大可以採用來拍電影的場景，中影出品的影片不妨跳出窮街陋巷，走到光明的田野和農村拍戲。他決定要動員200輛蚵車，在陽光之下推進，並出動直升機鳥瞰拍攝，場面一定十分壯觀。而這種大場面，要配上台灣情調的民謠作為配樂，再來襯托台灣民間的清純愛情故事，和農村建設的動人情節，那應該就是一種「健康的寫實影片」，於是龔弘把它稱為「健康寫實路線」。

第二天，龔弘親自跑到鹿港勘察實景，留下很好的印象。當他返回台北之後，馬上聯絡李行，把他的構想告訴李行，李行對此想法也大表贊同。於是他們就商議決定了一個《蚵女》的片名，著手籌拍台灣第一部健康寫實路線的電影。當時，中影剛剛有派遣技術人員到日本見習彩色電影的攝影技術回來，《蚵女》正好成為他們初試身手的第一部彩色寬銀幕電影。

1964年2月《蚵女》推出公映，這是全部由台灣技術人員拍

攝的第一部彩色電影，也是中影打響「健康寫實主義」這個自行研發的電影品牌的里程碑。具有民族風格的台灣電影藝術特色，從此踏上了起飛

• 《蚵女》是全部由台灣技術人員拍攝的第一部彩色電影。

之路。日後中影公司循「健康寫實電影」路線攝製的代表作尚有：李行導演的《養鴨人家》和《路》、李嘉導演的《我女若蘭》、白景瑞導演的《家在台北》等。同時代受到影響而開拍的同類作品，還有台灣電影製片廠出品的《梨山春曉》和《小鎮春回》，甚至民間電影公司也主動跟風開拍了《高山青》等片，將這種透過電影鏡頭呈現台灣人民之「真」、中華文化之「善」、寶島山川之「美」的健康寫實主義路線發揚光大，也為60年代的台灣電影創造了第一個歷史高峰。

8.「超人導演」丁善璽

　　筆者剛畢業出來社會做事的時候，第一份工作是當電影場記，做了兩部影片之後就很幸運的升為副導演。那是一部在香港嘉禾製片廠拍攝的國語片《大千世界》，導演叫丁善璽，他是我在台灣藝術專科學校的學長，比我早十年畢業。我想，當年我那麼資淺的經歷就能取得這份工作，也許是因為我和導演是校友，且能兼通粵語和國語，在那個年代的香港電影圈，能操流暢國語的年輕副導演還真不多。在畢業一年後就能跟在大導演身邊學習，當時興奮不已，後來才發覺自己興奮得太早了！

　　在上個世紀的70年代初期，香港曾經相當流行拍攝國語片，甚至有長達14個月之久當地影壇沒有公映過一部粵語片，因此台灣導演十分吃香。丁善璽在那個時候已經是台灣影壇的名導演，他執導的民初俠義動作片《落鷹峽》曾在1971年獲得金馬獎最佳導演，1974年推出的抗日戰爭片《英烈千秋》更造成了很大的轟動，掀開了台灣影壇長達數年的戰爭大

• 《英烈千秋》開創了台灣的抗日戰爭片潮流。

片拍攝潮流。香港的嘉禾公司就是在這個時期邀請他赴港拍片的，不過，《大千世界》倒不是什麼大製作，而只是描述清朝衙門裏面的大老爺互相勾心鬥角的喜劇故事，一部典型的古裝娛樂片。

在跟過兩部電影之後，我以為自己已經知道拍電影是什麼一回事，但真正到了《大千世界》的工作現場，才發現自己的青澀和能力不足，剛開工那幾天簡直有點手足無措之感。尤其在看到丁導演那種超乎常人的旺盛工作精力時，更是眼界大開，幾乎不敢相信華語電影界竟然有這種「超人導演」。

我之前跟的兩部電影是狄龍的《電單車》和許冠文的《鬼馬雙星》，兩位都是從幕前的大明星首次轉到幕後執導，因此在拍攝現場都表現得競競業業，甚至其中一人還害怕自己分鏡的經驗不足，在開鏡初期找了另一位較資深的年輕導演到片場幫忙喊「開麥拉」。但是我們這位身材壯碩近乎肥胖的丁大導演可完全不一樣，他根本是「一個人同時在拍兩組戲」，不但臉不紅氣不喘，還能抽空趕寫下一部新片的劇本，但可把我這個聽他指揮做事的菜鳥副導演忙得暈頭轉向。

由於《大千世界》是清裝片，大部分的戲都在片場裡拍攝。拍廠景需要花很多時間「打燈」，尤其是攝影機位置作180度移動時更得耗掉一、兩個小時調整，此時演員和其他沒事的工作人員便會在場邊或看書或聊天或是圍起來玩紙牌等候，對他們而言這些等待時光其實是浪費的。為了增加拍片效率，丁導演竟

然想到在同一天發兩組通告，讓兩組演員在鄰近的兩個攝影棚同時等候演出。當他在A棚喊「開麥拉」時，燈光組和美工組等工作人員便在B棚準備另一場戲的場景；待A棚的這場戲需要轉燈光時，他就匆匆趕到B棚喊「開麥拉」，讓燈光組和美工組等工作人員回到A棚工作。我身為副導演，就像走馬燈一樣在兩個攝影棚之間穿梭，奉命傳遞導演的工作指示。有時候忙中有錯，傳令失誤，少不免換來一頓臭罵。

　　有一天，當我好不容易才有機會停頓下來在場邊休息時，在一旁奮筆疾書的丁導演忽然將他的視線從膝上的稿紙移開，張口問我：「小梁，一坨大便的『坨』字怎麼寫？」我沒想到他有此一問，腦筋轉不過來，好幾秒鐘搭不上話。他語帶不屑地接了一句：「真是問對人了！」接著把眼光移回稿紙上。從此我知道自己在他心目中已毫無地位可言。

　　在丁導演爭分奪秒的高效率趕拍下，《大千世界》不用20個工作天就殺清了。工作人員當然皆大歡喜，因為馬上又可以接下一部戲賺錢了。意外的，丁善璽也繼續找我當他下一部片《盲女奇緣》的副導演，我沒有拒絕，不過我們的關係也就到此為止。後來我轉到電視台寫劇本了，單獨創作似乎更適合我。

　　如今回想起來，我雖然也從丁導演身上學到了一些東西，卻從沒有把他看作是自己的「師父」，因為他的武功太高了，不是我們這種資質平庸的凡人所能輕易追隨的。然而，以丁導演這種編導才華與超人般的拍片能力，最終只在台港兩地走紅了十

多年，在藝術上也未能留下更重要的印記，或許跟他的「不知珍惜，過度使用」才華的態度有關吧？

▶ 9. 兩岸電影交流的先行者邱復生

2008年7月之後，兩岸人民期盼已久的「三通」已變成事實，兩岸之間的各種交流逐漸升溫並正常化，這當然是一件好事。但是，看在台灣電影人的眼裡，此事卻令人感到不勝唏噓，因為它來得晚了十多年。如今的台灣電影界已處於弱勢一方，面對大陸電影界已難以爭取平起平坐的待遇，甚至已失去了發球權。其中，「中國兩岸影藝協會」的理事長邱復生應該會感觸最深。

邱復生在台灣有「媒體大亨」之稱，打從上個世紀的80年代便已是影響台灣媒體發展的先驅人物。他素來以「擅於觀察趨勢」著稱，當台灣的同行都只會關心兩個月後發生的事情時，他已看到了兩年後將發生的事，故常有領先潮流的創新之舉。筆者曾經在邱復生任董事長的年代集團電影部門做過事，在開幹部會議時親身領教過他的「雄才大略」，其思考模式的確超前很多，心中只有暗叫佩服的份。

在1980年代中後期，年代公司因為自香港引進TVB港劇錄像帶的台灣代理權而成為台灣的最大錄像帶供應商，後來又取得迪士尼電影的錄像帶獨家代理權，更加如虎添翼。當時，正逢國民黨政府在1987年7月中旬宣佈「解除戒嚴」，接著又宣布

解除「黨禁、報禁」，到了11月還正式開放台灣同胞赴大陸探親，一連串的大動作讓邱復生嗅到了「兩岸」是個關鍵詞，而「電影」則是一個可以著力的突破口，於是迅速將年代集團的發展重心轉向了「兩岸電影交流」。1988年，年代公司就開始籌拍第一部直接碰觸「二二八事件」政治禁忌的電影《悲情城市》，並且讓此片在1989年4月搶先赴廈門拍攝外景，雖然鏡頭不多，但已創造了歷史。

《悲情城市》在1989年的威尼斯電影節勇奪金獅獎，再一次創造了台灣電影的歷史。當時，中國大導演謝晉正好是威尼斯電影節的評委之一，為《悲情城市》的得獎發揮了天時地利人和的優勢，也使邱復生更加增強了進軍大陸電影市場的企圖心。

1990年1月，邱復生就發起成立了「中國兩岸影藝協會」，並擔任首屆理事長，筆者也是會員。這是台灣電影界第一個成立的兩岸交流團體，擔負起以文化交流打前鋒的任務。另一方面，邱又在香港成立年代電影公司，眼明手快地以「香港年代」的名義跟張藝謀簽下了兩部片約（當時台灣政府仍禁止兩岸直接合作拍片），以他個人建立的國際影視市場網絡將本來只屬於中國的張藝謀推向世界。第一部影片《大紅燈籠高高掛》，邱復生刻意找來侯孝賢掛名監製一職，成功製造了「兩岸國際名導首度攜手合作」的轟動話題。後來成為好萊塢投資拍攝華語電影重要推手的哥倫比亞（亞洲）公司常務董事的芭芭拉·羅賓遜，當時正是年代國際公司的職員，負責《大紅燈

籠高高掛》的國際銷售事務。此片獲得了威尼斯電影節銀獅獎和奧斯卡金像獎最佳外語片提名，使張藝謀從此走紅國際影壇。兩年後，張藝謀再為年代執導了《活著》，又為葛優拿下了坎城戛納電影節的影帝，堪稱成果輝煌。

邱復生的銀色事業當然不止如此，他看上的是廣大的中國電影市場。當時，辜汪兩老的兩岸談判正如火如荼展開，氣氛十分融洽，眼看雙方攜手共創雙贏的局面馬上就會出現，因此邱復生運作「中國兩岸影藝協會」的動作也越發積極。在台灣新聞局的支持下，於1992年2月，由台灣的中國兩岸影藝協會和大陸的中華文化交流與合作促進會共同

• 《大紅燈籠高高掛》將張藝謀成功推向世界市場。

在北京主辦了「海峽兩岸影藝界交流座談會」，這是兩岸就影藝問題第一次在大陸作正式交流的活動。其後在1993年和1995年，又連續主辦了兩屆「海峽兩岸電影展」，雙方各拿出幾部優秀作品到對岸的3個城市作巡迴展，同時還派出十多人的代表團互訪，趁機宣傳造勢。我作為代表團的團員之一，親眼目睹了大陸觀眾對《推手》、《稻草人》等台灣片表現出來的熱情。假如當年台灣電影真的可以正式「登陸」，有了這個廣大

的市場腹地作支撐，近十多年的台灣電影史也許就會重寫了。

可惜，邱復生千算萬算，也算不到李登輝在1996年會提出一個不合時宜的「兩國論」，此論一出，兩岸關係登時回到冰點，過去多年他所做的融冰工作都算是白做了。所以邱復生放棄了電影，將全副精神轉投到當時台灣剛剛崛起的有線電視台業務上，於是才有了日後的TVBS王國。

10. 朱延平再度吐氣揚眉

　　2008年的春節，全球華人世界的電影市場上演了一場「雙周大戰」，由周星馳主演的《長江7號》和周杰倫主演的《功夫灌籃》（《大灌籃》）很難得的取得了一場雙贏的勝利，把同檔上映的好萊塢電影打得趴在地上俯首稱臣。其中，《長江7號》在內地的票房已達1.8億元，超過了3年前《功夫》1.6億元的總票房，反映了星爺的電影品牌的確已深入民心。周董亦非弱者，遲了一周才上映的《功夫灌籃》在公映11天後票房已破億，遠遠超過他在2007年自導自演的《不能說的‧秘密》，拍攝《功夫灌籃》的長宏影視老闆吳敦已決定找周杰倫拍續集。不過，我想最高興的人應該是《功夫灌籃》的導演朱延平吧！近年來一度陷入低潮的這位「台灣首席商業導演」，終於也在神州大地成功加入「億元導演俱樂部」了，而且創下了台灣導演的影片首次於春節期間在亞洲11個國家和地區同步公映的歷史紀錄。朱延平乘勝追擊開拍的新作《刺陵》，由周杰倫搭配台灣首席名模林志玲，製片預算超過1億人民幣，已在2010年賀歲檔推出上映。

　　朱延平是台灣影壇的一株奇葩，他曾經非常風光，自升任導演以來在商業上一帆風順，長達十多年蟬聯「台灣最賣座導演」，一度還向香港的成龍和新藝城叫板，幾乎是憑一人之力

壟斷了半個台灣影壇的票房。然而，他也是在台灣被影評人修理得最慘的一個導演，幾乎每部影片都被罵「抄襲卓別林」或是「品味低劣」，比王晶導演在香港的境遇猶有過之。但就是這樣一個好像「很沒藝術」的人，卻始終如一地緊守其電影崗位，當台灣影壇開始陷入不景氣時還毅然扮演起電影製片人角色提拔一些新導演，又擔任了台灣導演協會的兩任會長，在6年任內主辦了有口皆碑的2007年「兩岸三地導演會」，給參加過這次盛會的人都留下了美好的回憶。作為一個長期關注和評論朱延平創作生涯的人，我想，「路遙知馬力、日久見人心」應該是對朱延平最恰當的形容。

說起來真是有趣的巧合，當代表「最商業」的朱延平於2007年卸下台灣導演協會會長之職時，接任的新會長卻是代表「最藝術」的侯孝賢。改選當天，筆者以「導演協會顧問」的身份參加導演協會的會員大會看到為數十多名的台灣新導演集體加入為新會員，這故然反映了侯導在台灣影壇的號召力，但也反映了他們中的一些人在此之前不肯（甚至是不屑）加入導演會，似乎說明了很多台灣導演內心仍然有「藝術與商業對立」的意識形態。台灣電影至今仍在商業市場上步履維艱，欲振乏力，跟這種偏執的創作心態多少有些關係。

其實，朱延平與侯孝賢是同一輩的導演，他們都在1980年執導了自己的第一部作品（《小丑》與《就是溜溜的她》），而且兩者都是「商業片」。事實上，在1982「台灣新電影」這

個運動出現之前，或者精確地說，在《光陰的故事》這部電影尚未公映之前，台灣影壇尚不流行「藝術片」與「商業片」對立的說法，因此每個導演都認為拍電影去吸引觀眾是天經地義的。朱延平與侯孝賢都做了幾年場記和副導演，也寫了幾個劇本，才有機會坐上了導演椅，當然是一心一意想把導演椅坐穩當，於是都不約而同選擇了拍喜劇，因為喜劇是當時成本較低而又較有賣座把握的一種類型電影。

朱延平在個性上雖頗有赤子之心，但他不是一開始搞創作就想著要「搞笑」。他在1979年寫過最出名的一個劇本《錯誤的第一步》，是一個以真人真事為本的犯罪片，曾獲得第25屆亞洲影展「最富倫理道德價值意義編劇獎」。只是朱延平在做導演時，看上了一個有豐富野台戲演出經驗的電視諧星許不了（這是台語「苦未了」的發音），他發現許不了身上具有不朽笑匠卓別林的一些類似的「江湖喜劇藝人」特質，於是乾脆把許不了複製為「台灣卓別林」，開拍了《小丑》。不料這個取巧之舉竟然大受台灣觀眾歡迎，朱延平以黑馬之姿一炮而紅，也捧紅了諧星許不了。在台灣影壇景氣最好的20世紀80年代，朱延平與許不了就自然成了最佳喜劇搭檔，開始了長達5年的合作生涯，每年以3部至4部影片的速度在「印鈔票」。直至1985年，許不了因不堪長期被壓榨而與世長辭（當年黑社會控制台灣娛樂圈的情況頗為嚴重，不過那是另一個故事了），而朱延平與許不了最後合作的影片巧合地名為《小丑與天鵝》。

朱延平的赤子心

我們在討論一位導演的時候，通常只會關注他的藝術才華如何如何，很少會去留意他是一個怎樣的「人」。在台灣影壇的邊緣觀察了幾十年之後，我發現在評論一位導演的整個事業生涯時，「做人」的因素其實比「做導演」還重要。朱延平的導演藝術才華可能不是那麼高，但是談到近30年的台灣影業時，朱延平卻是不得不重視的名字。當其他同輩的電影人在多年不景氣的台灣影壇已紛紛倒下之際，他一個人卻能逆風而上，他的延平影業公司歷20年還在拍片，他本人最近還在內地市場榮升「億萬導演」，難道這不是上天對朱延平「做人成功」的一種賞賜嗎？

• 《大灌籃》令朱延平榮升「億萬導演」。

馬上就滿60歲的朱延平，多年來仍始終懷抱著一顆赤子之心，這對於一個在台灣電影圈打滾了30多年的「老人」而言可不是件簡單的事，一方面這應是朱延平深受其母幽默風趣個性的影響，另一方面則應感謝其從影過程一路順遂，使他比較容易用「不去算計別人」的正面心態來從事這個一向被形容為「勾心鬥角」的行業。

　　在2008年2月24日晚上，朱延平驚聞母親病逝的惡耗時，正跟周杰倫等人在大陸上宣傳《大灌籃》，一邊裝出高興狀在台上開香檳慶祝，內心痛苦卻不敢哭，怕影響票房慶功的氣氛，這種人生煎熬是什麼滋味？他回想起自己執導的處女作《小丑》中，許不了在台上扮小丑，也是知道媽媽去世的消息不敢哭，不禁感歎「人生如戲」。

　　一周之後，朱延平在台北基督之家舉行追思會，來了近300位親友參加悼念，其中影視圈朋友不少。朱導致悼詞時，將自己的喜感來源歸功母親方幼華女士：「她30幾歲因子宮頸癌開刀，60多歲又為乳癌開刀，80歲時再為乳癌動手術，接著膽、肝出問題又開刀，她身經百戰，屢敗屢戰，最後在醫院肚子腫脹有腹水，還對醫師說：我這麼老了還懷孕？」他又說，母親臨終前兩天還笑說：「像我身上缺那麼多零件的人，能活那麼久的，我是第一名。」真是「大悲若喜」，聽者無不動容。

　　朱延平的母親來台不久就與夫離異，當小學老師獨力撫養子女長大，生活的壓力可以想見，但她始終保持著樂觀和大而化之的性格。朱延平在東吳大學外文系夜間部就讀時，由於學校就在「中影文化城」旁邊，那是台灣最大的拍片基地，當年正流行拍武俠片，經常需要群眾演員，他就以「近水樓台先得月」姿態白天到片廠打工賺錢，收工後就到學校上課。未幾，朱延平受到蔡揚名導演的注意，開始收他做場記，一路順利地做到副導演，也學會了寫劇本。他的入行之路可謂十分順利，

因此根本沒考慮過轉行，一生就只做過「拍電影」這個職業。在這一點上面，朱延平跟好萊塢的史匹柏倒是一模一樣。

也許是導演之路走得太順利了，以致朱延平在某些須要用點「心機」的時候他也不去「算計」，因而吃了大虧。就我所知，有一個例子特別值得一提。那是1989年台灣政府首次宣佈開放電影赴中國大陸拍外景的時候，學者公司出品的《傻龍出海》搶得先機，成為第一部前往大陸拍攝的台灣片。《傻龍出海》的掌舵人就是當年最賣座的喜劇導演朱延平，他在並未深入了解實際情形，劇本又未通過審查之際就匆匆忙忙帶著主演的廖峻等人赴北京搶拍，第一場戲就讓初次到大陸的廖峻在看到大陸公安武警時很「大鄉里」地高喊：「啊！好多『共匪』喲！」。對於從小就在台灣接受「反共教育」的朱延平那一代人而言，這句對白是「順理成章」地脫口而出的喜劇台詞，本身並無惡意，只為博台灣觀眾一笑而已，他卻壓根沒想到這句對白聽在大陸的政府和人民耳中會有什麼反應？因此，當《傻龍出海》公映之後，朱延平馬上成為被大陸政府拒絕的頭號電影界黑名單人物，在其他台灣同行紛紛赴內地拍片時，他卻成了孤寂的潮流落伍者。為了這個「無心之失」，朱延平在事後費了好大的勁向有關部門解釋疏通才獲得解禁，得以再度踏足神州大地拍片。近十年來，他反而後來居上成為在大陸拍片最多的導演，甚至在大陸開展了事業上的第二春。人生世事，誰能預知？

　　另一個因為不擅「算計」而令朱延平啞巴吃黃蓮的例子，則發生在2007年「海峽兩岸及香港電影導演研討會」在台中市舉行的時候。為了把這個輪值6年才主辦一次的華語影壇盛事辦得風風光光，身為台灣導演會會長的朱延平簡直把它當成比拍片還重要的大事，挖空心思來想點子，希望給與會的導演們留個難忘印象。由於兩岸三地導演會每次開會都有個傳統的聯誼節目──三地導演卡拉OK歡唱，故朱延平在地方人士贊助下特別安排這一場卡拉OK聯誼在台中市「聲名遠播」的金錢豹酒店舉行，順便讓遠道而來的香港和大陸導演見識一下台灣的酒店文化。由於他認為這是光明磊落的活動，一點都不擔心引人非議，因此在正式的行程表上印上「晚上9點到11點，在金錢豹市政店歡唱聯誼」，並分發給採訪新聞的記者。不料這些記者知道有120多位兩岸三地的導演竟然會在當晚集體光顧有酒店小姐上班的「金錢豹」，眼睛登時放光，紛紛搖身變成狗仔隊，圍繞著朱延平問長問短。更有一些有線電視台在中午的新聞節目中，以「兩岸三地導演集體買春？」的聳動標題來報導這則新聞。本來簡單的事情一下子變得十分複雜，再怎麼解釋都已使活動性質變味，因此當天下午這項行程忽然生變喊停，晚上的歡唱聯誼改在普通餐廳舉行。雖然兩岸三地導演們仍然唱個過癮，但都對這些「以小人之心度君子之腹」的新聞記者頗有微辭。其中感到最「朱八戒」的人，應該就是「為德不卒」的朱延平吧！

■ 11.「最遙遠的」林靖傑

都說台灣電影是「小眾電影」，導演都是「藝術至上」，只想拍給認同他們的那一小撮人看。這種說法以前或許有幾分真實性，但最近這兩三年已經越來越不正確了。如今能在台灣成功開拍電影的導演，幾乎沒有不想賺錢的，只是不一定能把錢賺到手而已。然而，在其中還是有一個「死硬派」的新導演林靖傑，他編導的《最遙遠的距離》不僅堅持藝術，甚至稱得上是「情義至上」，根本只想拍給亡友陳明才一個人看。

看過《最遙遠的距離》的觀眾，都會在本片畫面終結時看到黑底白字的字幕卡：「獻給陳明才」。有不少人搞不清楚誰是「陳明才」，自然也因此看不明白在這部寫實風格的影片中卻具有「魔幻寫實」味道的一幕──患有躁鬱症的精神科醫師（賈孝國飾）在濱海的公路邊撿到一套潛水衣，他就穿上這套潛水衣和戴上潛水鏡，作陸上泅泳狀在公路上一直游、一直游，鏡頭長達一分多鐘。這到底是什麼回事？

在參加金馬獎的評審作業時，做為評委的筆者也搞不清楚陳明才與林靖傑的私人關係，因此和很多評委同仁一樣，對《最遙遠的距離》的這一段處理有點不以為然。如非這個「明顯的缺點」，這部電影其實是有資格入圍金馬獎的最佳影片獎

項目的，畢竟它之前曾在2007年威尼斯電影節中榮獲「國際影評人周最佳影片」。對，這就是跟李安的《色，戒》奪得威尼斯金獅獎的同一屆。

後來，我陸續看了一些有關「陳明才」的資料，終於了解林靖傑「處理醫師阿國一角非如此不可」的一些道理，因為《最遙遠的距離》的創作源頭就是陳明才，而他本人卻在不久之後跳海自殺了。

林靖傑畢業於輔仁大學大眾傳播學系廣電組，說他是新導演其實有點不太準確，因他其實早在1998年就在中影公司出品的三段式電影《惡女列傳》中執導過一段《猜手槍》，挖掘人性頗有深度，曾獲得亞太影展「評審團特別獎」和台北電影節「商業推薦評估獎導演新人獎」。但此時台灣的本土電影製作已走下坡，林靖傑並沒有獲得再拍新片的機會。不過這些年他並沒有閒著，既寫小說又拍電視劇和紀錄片，曾獲時報文學獎和聯合文學首獎，為公共電視拍的電視劇《藍色告白》則入圍金鐘獎（其兄林明遠曾在上海國際電影電視節稱帝），《嘜相害》獲金馬國際數位短片競賽「最佳台灣影片」，可見他確實頗具才情。

國立藝術學院戲劇系畢業的陳明才跟林靖傑相識多年，直至他在《猜手槍》片中擔任表演指導與演員才跟林靖傑成為好友。曾在台北劇場界聲名卓著的陳明才，因為患了躁鬱症而一度遠離主流藝術圈，回到台中當打零工的工人多年，《猜手槍》讓他重燃了對表演的希望。2000年，林靖傑在他執導的紀

錄片《我的綠島》中紀錄了三位人物，其中之一就是阿才。當時，台灣剛經歷了921大地震，熱血地主動參與災區居民心靈重建半年多的陳明才，自己卻掉入了他的憂鬱症週期。在林靖傑的邀請下，阿才來到綠島這個曾經關押政治犯的純樸小島，自我放逐兼自我放空。同時阿才也認真地想著他可以給導演拍些什麼？兩人討論多時，林靖傑終於在2002年寫成了《最遙遠的距離》的電影劇本，片中那位酷愛角色扮演的患有躁鬱症的精神科醫師，就是特地為陳明才量身訂做的，這角色也預定要由他來主演。

《最遙遠的距離》幸運地得到了新聞局的國片輔導金，決定進行拍攝。然而，影片籌備期間困難重重，就在電影即將開拍之前的2003年8月，陳明才又面臨憂鬱症的復發週期，他獨自走入台東都蘭灣縱身一跳，從此離開苦難的人間，也使該片面臨停拍的命運。數年後，為了完成心願，林靖傑自行負債千萬，於2007年將作品完成。

在林靖傑跟阿才一起構思《最遙遠的距離》這個劇本時，他就想到了「陸上泅泳」這個意象。林靖傑自述：「這是一個非常傳神的阿才的生命意象：應該可以悠游自在（只要跟著大家一樣），卻總是艱困自苦（永遠試圖打破制式觀念的框架以求真）；不按牌理出牌，遊戲人間作為穿透偽善的嚴肅手段……；最後，是再怎麼艱困，再怎麼被認為荒謬突梯，都要不計代價，奮不顧身地持續往前走……。」

▪ 12. 愛電影的市長胡志強

　　在台灣的政府官員中，誰最愛電影？若有人舉辦這樣的一個評選，我想，冠軍一定是現任的台中市長胡志強吧？

　　跟胡志強關係最親密的兩個女人——妻子邵曉鈴和女兒胡婷婷——都是影視演員，他自己又曾經擔任過好幾年的「新聞局局長」，是台灣電影事業的直屬長官，這種背景怎麼會讓他不愛電影呢？難怪他多年來一向以「電影人」自居。

　　說起來，台灣過去的電影主管官員，一向自高身份，以威權心態來管理電影界，政府在戒嚴時代甚至一度把「電影業」定位視同與舞廳、茶室同級的「特種行業」，連電影院的售票小姐都要定期赴衛生機關「檢查身體」，真是非常荒謬兼可惡。

　　第一個勇於打破陋規、對電影界伸出手誼之手的主管官員，是1978年開始代理「新聞局局長」的宋楚瑜。他上任未幾，便以過人魄力拿一向都由政府主導的「金馬獎」開刀，使它從一個「分豬肉型的政治掛帥電影獎」變成一個「專業化‧藝術化‧國際化」的電影獎。金馬獎在前面14屆都採用在頒獎典禮前先公佈得獎名單的方式，到了第15屆改為兩階段專業評審，在選出得獎名單後密封至頒獎典禮上再拆封公佈的方式，

一下子令人眼睛一亮，對金馬獎的「公信力」為之改觀。到了1979年的第16屆金馬獎，更首次邀請了著名好萊塢巨星伊莉莎白‧泰勒和詹姆斯‧梅遜等人為頒獎典禮嘉賓，經此番改革，使金馬獎從台港兩地的地區性電影獎變成國際矚目的一場電影盛宴。另一方面，為了提高大專青年看國片的興趣和提升國片水準，又推動由新聞局和報界共同舉辦「學苑影展」，直接深入多所大學展開影展活動，為日後的「台灣新電影」運動奠下了一定的觀眾基礎。宋楚瑜因而在台港電影人心目中留下極佳的印象，上述的作為對他日後的政治之路也大有加分作用。

另一個博得海內外電影人更大好感的電影主管官員，便是在43歲時出任「新聞局局長」的胡志強。胡志強素以風趣幽默和人緣好著稱，政府把他放在這個位子上堪稱如魚得水，上任後很快就跟台灣的影視界打得火熱。有一個廣為流傳的真實故事足以反映當時的水乳交融狀況：

胡志強任新聞局長時到當紅台語女演員白冰冰家作客，白冰冰問他要怎樣學才能讓曉燕（就是日後遭綁架撕票的女兒）的英文跟局長一樣好？沒想到過幾天白冰冰就收到一件包裹，上面附了一張字條：「曉燕，這套英文錄像帶送給你有空看看，說不定會幫助你練習英語會話。但因我不知你現在的程度，有點擔心這套帶子對你太淺。果真如此，就把他送給媽媽好了，她也許派得上用場。」白冰冰母女看後捧腹大笑，回寄了一套《白冰冰蓋高尚餐廳秀》錄像帶給胡志強的兒子，也附

了一張條子：「這套帶子送給你看，若覺得太『俗』看不下去，就送給爸爸看，他應該會欣賞。」

胡志強當然不是只會做公關的人，他也真的關心台灣電影的文化傳播和產業發展，所以在上任兩年後便主動爭取了額外的1億元新台幣經費，將1993年定為「電影年」，以長達１年的時間來為台灣電影業做一連串紮根的實質基礎工程，這是迄今為止在兩岸三地都沒有出現過第二次的創舉。當時被胡志強聘請來為「電影年」活動策劃掌舵的是影評人焦雄屏，由她主持並至今仍在運作的「台灣電影中心」便是在那一年獲經濟資助而成立的，此機構至今仍對台灣電影進行頗受好評的國際推廣工作。另一個至今仍在互聯網上供人免費查閱的「台灣電影資料庫」，則是由電影學者盧非易領導的「電影年學術研究發展部電影資料庫研發小組」建立的。此外，「電影年」還邀請了一些國際知名的電影專業人士赴台開課，計有製片班、編劇班等，也培養了一些幕後電影人才，算是走在時代尖端的具有創見之舉，當時華人社會還沒有聽過「文化創意產業」這個說法呢！

台灣的官場有一個弊病，就是政務官都喜歡「各吹各的調」，以至「人在政在，人去政息」。胡志強升官他調後，接任的「新聞局局長」沒有了他這種對電影的由衷熱愛，也無意將「電影年」之類的積極政策延續下去，因此近十多年台灣的電影產業便在爹不疼、娘不愛的情況下日漸萎靡不振。

胡志強在外交系統走了一圈之後，於2001年選上了台中市

長。身為地方父母官，又重燃了他對電影的熱情，乃積極爭取此時已成為華語電影界年度盛事的金馬獎和金馬影展在台中市舉行。他的這個願望在2004年終於實現，金馬獎首次在台中市舉行！胡志強市長卯足了勁全力支援金馬影展所有相關活動，還邀請了港星林嘉欣當他們的電影大使。在頒獎典禮舉行之夜，在會場外鋪上的紅地氈足有50公尺之長，圍觀看明星的市民大眾佈滿附近的馬路和大樓，少說在2萬人以上，堪稱是台中市難得一見的地方盛事，當時我也在現場目睹了盛況。

　　胡志強連任市長之後，又在2007年爭取到兩岸三地導演大會在台中市舉行，他並且親自出席開幕式，又拖著小中風之後比較行動不便的身軀上台致詞，逐一跟出席的百多位導演握手，他那種真正愛電影的心意，真是令人感動和敬佩。

13. 楊士琪是誰？

世界各地有各色各樣的電影獎，這些獎大部分都習慣以象徵性的動植物命名（如：金獅、金雞、金馬、或是金棕櫚等），紀念性質的電影獎就多以著名的製片人或導演的名字命名（如：附設於奧斯卡的「艾文・泰爾伯格獎」、附設於東京國際電影節的「黑澤明獎」等），但是以電影新聞記者的名字來命名的電影獎似乎不多，台灣的「楊士琪紀念獎」是其中很特別的一個。

誰是楊士琪？對於不熟悉「台灣新電影」發展歷史的人而言，這個名字可能根本沒聽過，但是，對那一批在20世紀80年代初期一起在台灣走過「戒嚴年代」的新導演而言，「楊士琪」代表的意義卻有如電影界的李敖、柏楊，是「主持正義」與「道德勇氣」的象徵。而她崇高的江湖地位，又是具體展現在著名的「削蘋果事件」上面。

所謂「削蘋果事件」，發生於1983年8月份。事情源起於萬仁導演的首部作品《蘋果的滋味》，那是台灣中影公司出品的三段式電影《兒子的大玩偶》其中一段。另外兩段是侯孝賢的《兒子的大玩偶》與曾壯祥的《小琪的那頂帽子》，都改編自台灣作家黃春明的同名小說。

　　《蘋果的滋味》描述在1950年代的台北，一個工人家庭的男主人江阿發突然遭遇了車禍，肇禍者是駐台的美國軍官。當江妻擔心以後的日子要怎麼過時，美軍上校格雷送來了2萬元和那時候普通人吃不起的大紅蘋果，又承諾負責到底，並願意送他們的啞巴女兒到美國唸書後，全家都鬆了一口氣。連負責聯絡的警察都在旁邊吃味地說：「這次你們運氣好，阿發被美國車撞到，要是給別人撞到了，現在阿發恐怕躺在路旁，用草蓆蓋著呢！」最後全家人在醫院吃著價值4斤米一個的紅蘋果時，竟然有一種「因禍得福」的幸福感覺呢！這個窮人吃蘋果的故事，諷刺意味不言可喻，也在相當程度上反映了當年正接受「美援」的台灣是處於怎樣的一個尷尬的位置上。

　　為了如實反映當年的台北社會真貌，從美國學電影回台未幾，還帶著「憤青」理想的萬仁，費盡心機重塑時代風物，因而在片中忠實地拍攝了不少「社會的陰暗面」。包括片中的外事警察帶著美國軍官在迷宮般的違章建築區找尋江阿發家，畫面所見盡是醜陋和髒亂的居住環境（外景所在地的林森北路與南京東路口那一大片違建如今已拆卸，變成了整齊美觀的公園，旁邊還蓋了五星級酒店）；江家的孩子在學校因沒錢繳費就要被老師罰站；片中更把江阿發受傷後住進去的美軍醫院佈置成有如天堂般的白色建築，連廁所都是孩子們眼中的遊樂區，長長的衛生紙就是他們的玩具。在美國人面前，江阿發一家人和他的勞工朋友簡直都是毫無民族自尊的土包子。

　　以上這些安排雖然只是導演在嘲諷藝術上特意所作的戲劇化處理，並沒什麼了不起，也沒有違反當時的電影檢查標準，所以在送審時已獲「新聞局」通過。中影公司高高興興的為了準備上映而展開試片，還準備將此片送去參加國際電影節。沒想到有一位看過試片的影評人，竟用「中國影評人協會會員」的名義，發黑函向當時中影公司的上級主管單位「國民黨文工會」提出檢舉，指稱本片貧窮落後及違章建築的畫面不妥當，恐有「影響國際形象」的疑慮。「文工會」十分重視此事，當即責成中影內部對《蘋果的滋味》作閉門重審。萬仁聞訊急忙趕到現場，企圖對作品進行辯護說明，但是被擋在試片室外。不久，時任中影公司編審的編劇吳念真推門而出，告訴萬仁審片結果凶多吉少，動刀修剪影片之舉勢不可免，甚至會禁止本片參加海外的電影節。萬仁聞言後怒不可遏，整個人幾乎崩潰，但以自己有限的能力又怎麼可能阻擋悲劇的發生呢？後來有人提議將這個「黑函內幕」告訴新聞記者，希望籍輿論的壓力迫使中影公司改變決定。他們去找的記者就是聯合報的影劇記者楊士琪。

　　當年的楊士琪才30歲出頭，她在大學畢業後進台灣的民生報當文體記者，負責報導西洋電影消息，由於並非電影專業出身，早期譯錯和寫錯的稿子也不算少。經過幾年的磨練，功力漸增，改調在民生報同一集團的聯合報跑影劇新聞，中影公司正是她的主跑路線。

　　自從中影在1982年以《光陰的故事》打響了「台灣新電影」的招牌，在這個「運動」（或稱作「風潮」較貼切）崛起的初期，台灣的新聞界和評論界充分發揮了「策略性」的鼓吹作用，常常用超乎比例的大篇幅報導和評論那些在數量和賣座上原只屬於「少數」的新導演作品，搖旗吶喊的用意至為明顯。基於一種強烈的「文化使命感」和「道德感」，某些「大牌記者」甚至常常在其有關台灣新電影的新聞報導中直接介入「評論」，將一己的價值色彩強加於社會大眾之上，楊士琪正是這樣的一位使命感特別強烈的記者。筆者曾經跟她在1984年3月一齊參加過「台灣新電影選」的代表團，赴香港為剛崛起的台灣新電影進行在海外推廣的第一個影展活動。在20多名正式的代表團團員中，楊士琪是僅有的兩位新聞記者之一。她和另一位年輕的女記者石靜文，都有一種發自內心的工作熱情，為當時勢單力薄的「台灣新電影」爭取到不少曝光的機會。非常時期需要非常手段，今日看來頗具爭議的「楊士琪們」，當年可是台灣新導演眼中的英雄。

　　當楊士琪從萬仁和吳念真等人口中知悉「黑函內幕」的經過後，翌日即在報上以大篇幅揭發，並且仗義執言，跳出來對中影意圖偷偷「削蘋果」之舉大加指責。其他報章的記者見狀亦迅速跟進報導，登時在輿論上形成了一片討伐之聲。中影在風頭上不敢犯眾怒，終於決定按下「削蘋果」之議，讓《蘋果的滋味》保持原貌推出上映，後來也讓本片以完整版參加了多

個國際電影節，並且獲得了一些獎。當初讓某些人擔心「本片會丟人丟到國際上」的情形則根本沒有發生。

這個「削蘋果事件」令台灣電影的創作尺度在1987年台灣宣佈正式解嚴以前得到了提前解放，一些曾被視為「禁忌」的題材（如《老莫的第二個春天》的「老兵返鄉」議題）得以陸續搬上大銀幕。楊士琪在這個歷史進程中顯然充當了「正義先鋒」的角色，使《兒》片免於政治上的犧牲，也使她自己一夜之間成為「新電影」的英雄。可惜她在不久之後即因氣喘病突發而在1984年辭世。「台灣新電影」的工作伙伴們十分感念她的貢獻，楊德昌就在當年他導演的新作品《青梅竹馬》」片頭上，以黑底白字寫著「獻給楊士琪，感激她生前給我們的鼓勵。製作全體同仁敬致」，同時還加附英文字幕，全長6秒鐘。

·第一屆「楊士琪紀念獎」的頒獎會議在召開。

翌年，由楊士琪生前友人及電影界、新聞界25位好友聯合倡議組成楊士琪紀念獎工作委員會，決定每年選出一位富於道德勇氣並且努力開創新局，提升電影地位的傑出人士，頒給獎座以茲鼓勵，並彰顯楊士琪生前熱愛電影，勇於創新的精神。這就是「楊士琪紀念獎」的由來。

附註：

第1屆楊士琪紀念獎於1986年由侯孝賢和朱天文頒發給前中影總經理明驥，以獎勵他在中央電影公司總經理任內推動新電影風潮。

第2屆則在1988年決定頒給大陸西安製片廠廠長吳天明，以獎勵他打破片廠的官僚體制，培育了第五代導演陳凱歌、張藝謀等人，使中國大陸電影備受國際矚目，開創華語電影新局。但因當時在美國的吳天明礙於環境無法來台領獎，這個獎座因而延宕了19年，才於2007年在台灣召開兩岸三地導演會時補頒獎給來台開會的吳天明本人。

第3屆於1990年頒獎給在電影商業黑暗期仍以個人力量不斷添購引進電影先進器材，默默帶動電影工業技術進步的林添榮。

因為這個紀念獎並無常設機構，無法達成創立時的原意，到目前為止，只頒發了3個獎座。為延續楊士琪紀念獎的精神，與楊士琪曾是報社同事的金馬獎秘書長胡幼鳳正推動正式成立楊士琪紀念協會，設置常設機構，長期推動台灣電影的創新及突破。

■ 14. 老男人玩音樂

　　華人世界的流行音樂圈，很容易會給人一種「盡是青春偶像天下」的錯誤印象，因為在大眾傳媒上出現的報導，幾乎都是年輕的歌迷粉絲對那些跟他們同齡或是大不了多少的偶像歌星的追逐；而人們在日常生活舉目可見、隨手碰觸到的流行商品，更清一色都是由周杰倫、S.H.E、王力宏等歌壇偶像代言；而兩岸的電視台也不斷透過「超級」或「星光」之類的歌唱選秀節目製造速成的流行音樂圈新血，所以說「青春年少」是在華人流行音樂世界走紅的必備條件似乎錯不了。

　　然而，若是深入一點進行觀察，那些歌壇青春偶像其實不是依靠「音樂」賺錢，他們主要靠的是「形像」和「曝光率」；真正靠「音樂」在賺錢的歌星都不是太年輕，像：費玉清、蔡琴、張學友等等。而在2008年宣佈成軍、2009年春節於中央電視台的春晚中「隆重」登場、3月7日在台北小巨蛋為其第一次巡迴演唱會正式起跑的超級新人團「縱貫線」，更可以說是「老男人玩音樂」的新典範。他們突破了華人流行音樂界諸多的規則和潛規則，用行動證明：衡量青春的標尺不是「年齡」而是「熱血」。玩音樂不是年輕人的專利，只要對音樂的激情猶在，你可以玩一輩子，而且市場會支持你！

　　當初「縱貫線」在2008年7月25日在台北高調宣佈成立時，著實讓人嚇了一跳。可能嗎？加在一起年紀快200歲、總共出道時間有86年的4個樂壇大哥──羅大佑、李宗盛、周華健和張震嶽，既未到江郎才盡年老色衰的低潮期，又不是在退出江湖之後企圖藉大動作引人注意以方便東山再起，又何必大費周張地硬湊在一起折騰呢？而且，在他們還沒有任何作品拿出來之前，就已有樂隊成員透露「一年後就要解散」，那不是兒戲嗎？因此，當「縱貫線」在成軍後於9月2日在北京再召開一次記者招待會時，就有人質疑這些「老傢伙」只是玩票，目的是為了「撈錢」。「縱貫線」的組合雖然沒有隊長，但輩分應算老大的羅大佑回答得好：「撈錢？我們又不是第一個被說的，第一個應該是『三大男高音』吧！賺錢呢是要憑能力的。這一次我們一定會團結一致、義無反顧，做一張21世紀最好的中文唱片！」

　　「縱貫線」行將推出的新專輯到底會不會是「21世紀最好的中文唱片」？這個答案有勞大家拭目以待，但他們在2009年3月7日開始啟動的巡迴演唱會，卻已呈現了一股眾所矚目的非凡吸引力，氣派之大和市場反應之熱烈都不是玩票性質的表演所能期望的。他們先從誕生地的台北出發，3月28、29日移師香港站，4月18日在北京的工人體育場則拉開內地巡演的序幕。北京站於3月2日開票當天就賣出一半門票，熱銷情況與台北站在1月6日門票正式開賣時的反應一般無異。在經濟危機嚴重影響的當

下，最低價格280元至最高價格580元的演唱會門票能夠如此迅速脫銷，可見華語歌壇的樂迷，其實有多麼渴望像「縱貫線」這種可以激發群體熱情的超級搖滾樂團出現！

若跟歐美流行樂壇相比，華語歌壇的確缺乏像「披頭四」、「滾石」、「老鷹」這一個等級的創作型搖滾樂團出現，甚至可以說從來沒有過！一方面，當然是因為我們的流行樂壇本來就欠缺夠份量的創作型歌手，就算有也是單打獨鬥，很少組團一齊表演；另一方面，更在於兩岸三地的流行音樂產業似乎都在依賴藝人的業外經紀收入（廣告代言、影視演出等）為主，灌唱片的根本工作反倒像是在「打廣告」，尤其是在mp3和網路下載令唱片銷量大減的21世紀更加如此。為了彌補賣唱片收入的減少，「多開演唱會」便成了實力派唱將的謀生之道，試看看費玉清和蔡琴近年來唱片沒出幾張、演唱會卻開個不停，便明白其中究竟。負責催生和經營重責的滾石唱片在「縱貫線」推出新專輯之前先為他們搞一連串的演唱會，既吸金又暖身，自然是明白這個新樂團實力何在的高明策略。

讓我們看看「縱貫線」在台北演唱會亮出的「菜單」，堪稱是當前華人流行音樂演唱會的「滿漢全席」。琳琅滿目的經典歌曲，大大滿足了跨年代歌迷的共同記憶和時代感情；穿插的幾首新歌，又能勾起大眾對他們未來的音樂走向的想像，彷彿在20年前由滾石唱片掀起的中文流行歌曲盛世又再重臨人間！我們有理由相信，以羅大佑、李宗盛、周華健和張震嶽

四人的音樂實力和江湖閱歷，他們是有資格成為中國版披頭四的。藉由他們領軍，可以帶頭拉高華語搖滾樂團的水準，並且讓「老男人玩音樂」與「美少女玩音樂」從此平分秋色。果不其然，不到半年之後，陳昇、、張宇、黃品源這三名樂壇熟男就組成「三小男人」台北小巨蛋開演唱會了，也很受歡迎呢！可惜，「縱貫線」在2010年1月於台北開完告別演唱會後，就要宣布解散了！

附：「縱貫線」小巨蛋演唱會曲目（由馬世芳整理）

縱貫線全員：

1. 鄉親父老（新歌）
2. 公路（新歌）
3. 組曲：鹿港小鎮 / 分手吧 / 我終於失去了你 / 愛相隨 /
　　亡命之徒

李宗盛：

4. 鬼迷心竅
5. 讓我歡喜讓我憂（與周華健合唱）
6. 當愛已成往事
7. 我是一隻小小鳥（unplugged with band）
8. 愛情有什麼道理？（unplugged with band）

張震嶽：

9. 路口（木吉他自彈自唱）

10. 思念是一種病

縱貫線全員：

11. 亡命之徒

12. 愛的初體驗

張震嶽：

13. 我要錢

14. 組曲：愛情你我他／自由

周華健：

15. 船歌（與羅大佑合唱）

16. 寡婦村傳奇

17. 怕黑

18. 穿過你的黑髮的我的手（開頭是「未來的主人翁」副歌「飄來飄去」部份）

19. 為你我受冷風吹

20. 相信自己（親愛的Baby）（新歌）

羅大佑：

21. 美麗島

22. 現象七十二變

23. 亞細亞的孤兒

縱貫線全員：

24. 思念

羅大佑：

25. 天使的眼淚（新歌，張震嶽在中段演唱「主如明亮晨星」）

縱貫線全員：

26. 歌（unplugged）

27. 風兒輕輕吹（unplugged）

28. 光陰的故事

29. 戀曲一九九〇

30. 凡人歌

31. 朋友

32. 再見

Encore:

縱貫線全員：

33. 真心英雄

34. 戀曲一九八〇

15. 好的流行音樂是永遠都被需要的

　　若要評比兩岸三地在各個文化領域上的表現優劣，那可真是見仁見智，有得吵的。但若只是拿「流行音樂」一項來作比較，那麼各方都得承認：台灣的流行音樂一直都在華文世界中執牛耳，起碼是自1975年開始脫穎而出，並成為台灣對全球華人最主要的和最具影響力的一項文化輸出。2009年1月在台灣出版（內地亦將

• 《台灣流行音樂200最佳專輯1975-2005》。

發行簡體字版）的《台灣流行音樂200最佳專輯1975-2005》一書，就是對上述說法的一個有力佐證。此書問世後故然在台灣引起了相當大的轟動，大陸樂迷反應之熱烈，更是讓此書統籌之一的著名樂評人馬世芳都感到受寵若驚。許多聽友迫不及待找各種管道越洋郵購繁體字版，網上的相關討論亦十分熱鬧。

　　從年輕時就是流行音樂愛好者的筆者，當然早就買了《台灣流行音樂200最佳專輯1975-2005》一書，但是直到在4月18

日參加了一個由陶曉清與馬世芳作為對談人的座談會『驀然回首來時路‧台灣流行音樂TOP200』，聽了這對母子現身說法的一席話之後，我對這個被稱為「台灣流行音樂黃金30年」的時代才有了更深的體悟：原來很多歷史上成功的所謂「文化運動」，它最初出現的時候往往都是「不自覺」的，當事者只是在沒有「想太多」的情況下不斷的去做，但眾人卻都想到一塊去了，事情也就成了；若是那些「文化運動先驅」太自覺，非常有目的性地刻意去對大眾作一些訴求，其結果反而會顯得力量分散，不能在大眾市場上獲得廣大迴響，往往只能產生出一些「小眾經典」。分別出現在1970年代中葉的「校園民歌運動」和1990年代初的「新台語歌運動」，前者在海內外都獲得爆炸性的共鳴，而後者只在台灣島內受到短暫的矚目，大抵能夠反映出上述說法的正確性。

若是按出現時間的先後來比較，在華文世界最早出現「流行新歌謠」的地方應該是香港。從西洋樂團主唱出身的許冠傑，在1974年一手包辦作詞作曲演唱的《鬼馬雙星》，用西方流行音樂的搖滾節奏和生猛道地的本土意識歌詞揭開了香港樂壇新一頁的歷史，其後陸續推出的《半斤八兩》和《錢》等曲，更大聲唱出了當代香港打工仔的心聲，堪稱「時代之音」，故在香港人之中獲得極大迴響。可惜，許冠傑演唱的這些流行歌曲是廣東歌，他使用的語言是屬於方言的「粵語」，因此侷限了它的影響範疇，譬如一水之隔的台灣當時就完全感受不到許冠傑這些歌曲的

威力。

其實與此同時，社會現代化的腳步比香港稍晚的台灣也面臨戰後新生代需要新歌謠的歷史關口。在這個「對的時代」碰到了「對的人」，一場新的流行音樂運動也就一發不可收拾地展開了，當時這個

· 《200最佳專輯》一書的前身《台灣流行音樂百張最佳專輯》。

「對的人」就是在台灣最具影響力的中廣電台每天主持一小時流行音樂節目的陶曉清。自言一輩子只做了「廣播」一件事的陶曉清，在「戒嚴年代、媒體壟斷」的台灣（直到1987年才解嚴），她對聽眾的影響力之大是現今無法想像的。當初她在大學畢業之後就直接考入中廣電台，在節目中只是純粹介紹熱門的西洋音樂，性質彷如流行文化買辦。但1971年舉行的丹麥洛斯基爾德搖滾音樂節震撼了她，讓她第一次聽到了印度的「絲他」，又聽到披頭四的喬治·哈里遜說：「我們可以為別人做些什麼嗎？」這些都有如種子一樣殖入了她心上，改變了她對流行音樂的一些看法。於是，陶曉清開始在她的廣播節目中向年輕的聽眾「徵歌」，並且把聽眾自己創作自彈自唱的一些中文歌曲在她的西洋流行音樂節目中播出，引起了越來越多的年輕人和大學生「唱自己的歌」。同時，她又開始積極地在島上

南北奔波，義務主持了很多的公益性演唱活動，因而認識了很多的校園歌手，包括當時仍只是高雄醫學院學生組成「紅螞蟻樂團」的那幾位元老。這些年輕人經常一波又一波的聚集在她家裡開會，或只是聊天打屁，但已在不知不覺之間累積了極大的能量。終於到了1975年，在台北市的中山堂有了一場改變華語流行音樂歷史的「中國現代民歌之夜音樂會」，台灣的民歌運動時代正式到來！

　　這個時候的神州大地，正處於文革期間的「流行音樂斷裂期」，人們根本不敢奢望聽到那些靡靡之音。待到了改革開放的1980年代，隨著意識形態的逐漸開放和音樂載具（卡帶和CD）的普及流通，已經人強馬壯、成果豐碩的台灣流行音樂，便隨著鄧麗君、羅大佑、李宗盛、以及校園民歌諸子的歌聲攻佔了整個大陸的流行音樂市場，並逐漸成為兩岸青年的共同文化記憶。可見，好的流行音樂是永遠都被需要的！

國家圖書館出版品預行編目

台灣的那些事，那些人：梁良的文化觀察筆記 /
　梁良著 . 圖 . -- 一版 . -- 台北市：秀威資訊
科技, 2010 .03
　　面；　公分 . -- (語言文學類；PG0336)
　BOD版
　ISBN 978-986-221-413-8(平裝)

　1. 台灣文化　2. 台灣傳記　3. 文集

733.407　　　　　　　　　　　　99002542

語言文學類　PG0336

台灣的那些事，那些人
——梁良的文化觀察筆記

作　　　　者／梁　良
主　　　　編／蔡登山
發　行　人／宋政坤
執　行　編　輯／胡珮蘭
圖　文　排　版／郭靖汝
封　面　設　計／蕭玉蘋
數　位　轉　譯／徐真玉　沈裕閔
圖　書　銷　售／林怡君
法　律　顧　問／毛國樑　律師
出　版　印　製／秀威資訊科技股份有限公司
　　　　　　　台北市內湖區瑞光路583巷25號1樓
　　　　　　　電話：02-2657-9211　　傳真：02-2657-9106
　　　　　　　E-mail：service@showwe.com.tw
經　　銷　　商／紅螞蟻圖書有限公司
　　　　　　　台北市內湖區舊宗路二段121巷28、32號4樓
　　　　　　　電話：02-2795-3656　　傳真：02-2795-4100
　　　　　　　http://www.e-redant.com

2010 年 3 月　BOD 一版
定價：220 元

讀　者　回　函　卡

感謝您購買本書，為提升服務品質，煩請填寫以下問卷，收到您的寶貴意見後，我們會仔細收藏記錄並回贈紀念品，謝謝！

1.您購買的書名：＿＿＿＿＿＿＿＿＿＿＿＿＿＿＿

2.您從何得知本書的消息？

　　□網路書店　　□部落格　　□資料庫搜尋　　□書訊　　□電子報　　□書店

　　□平面媒體　　□ 朋友推薦　　□網站推薦　□其他＿＿＿＿＿＿

3.您對本書的評價：(請填代號　1.非常滿意 2.滿意 3.尚可 4.再改進)

　　封面設計＿＿　版面編排＿＿　內容＿＿　文/譯筆＿＿　價格＿＿

4.讀完書後您覺得：

　　□很有收獲　　□有收獲　　□收獲不多　　□沒收獲

5.您會推薦本書給朋友嗎？

　　□會　□不會，為什麼？＿＿＿＿＿＿＿＿＿＿＿＿＿＿＿＿

6.其他寶貴的意見：＿＿＿＿＿＿＿＿＿＿＿＿＿＿＿＿

＿＿＿＿＿＿＿＿＿＿＿＿＿＿＿＿＿＿＿＿＿＿＿＿＿＿＿

＿＿＿＿＿＿＿＿＿＿＿＿＿＿＿＿＿＿＿＿＿＿＿＿＿＿＿

＿＿＿＿＿＿＿＿＿＿＿＿＿＿＿＿＿＿＿＿＿＿＿＿＿＿＿

讀者基本資料

姓名：＿＿＿＿＿＿＿＿＿　年齡：＿＿＿　性別：□女 □男

聯絡電話：＿＿＿＿＿＿＿　E-mail：＿＿＿＿＿＿＿＿＿

地址：＿＿＿＿＿＿＿＿＿＿＿＿＿＿＿＿＿＿＿＿＿＿＿

學歷：□高中(含)以下　　□高中　　□專科學校　　□大學

　　　□研究所(含)以上 □其他＿＿＿＿＿＿＿

職業：□製造業 □金融業 □資訊業 □軍警 □傳播業 □自由業

　　　□服務業 □公務員 □教職　□學生 □其他＿＿＿＿＿

To：114

台北市內湖區瑞光路 583 巷 25 號 1 樓

秀威資訊科技股份有限公司　　　收

寄件人姓名：

寄件人地址：□□□

(請沿線對摺寄回,謝謝!)

秀威與 BOD

BOD（Books On Demand）是數位出版的大趨勢，秀威資訊率先運用 POD 數位印刷設備來生產書籍，並提供作者全程數位出版服務，致使書籍產銷零庫存，知識傳承不絕版，目前已開闢以下書系：

一、BOD 學術著作—專業論述的閱讀延伸
二、BOD 個人著作—分享生命的心路歷程
三、BOD 旅遊著作—個人深度旅遊文學創作
四、BOD 大陸學者—大陸專業學者學術出版
五、POD 獨家經銷—數位產製的代發行書籍

BOD 秀威網路書店：www.showwe.com.tw
政府出版品網路書店：www.govbooks.com.tw

永不絕版的故事·自己寫·永不休止的音符·自己唱